Mein Weihnachtsbild

Herausgegeben von Gesine Dammel

Insel Verlag

Erste Auflage 2015

Umschlaggestaltung: hißmann, heilmann, hamburg
Umschlagabbildung: Gerard van Honthorst, *Anbetung der Hirten,* 1622
Foto: akg-images, Berlin
Satz: Greiner & Reichel, Köln
Druck: CPI – Clausen & Bosse, Leck
Printed in Germany
ISBN 978-3-458-17654-1

Inhalt

Neapolitanische Krippe, 18. Jh. Santi Cosma e Damiano, Rom

Martin Mosebach

Die neapolitanische Krippe in SS. Cosma e Damiano zu Rom

Die Weihnachtskrippe hat angeblich der heilige Franz von Assisi erfunden; er bemalte einige große Kieselsteine mit den Figuren von Joseph, Maria und Jesuskind, um sich das Wunder der göttlichen Menschwerdung im armseligen Stall zu Bethlehem vor Augen zu stellen – nichts im Leben des Gottmenschen entsprach den Idealen dieses christlichen Sadhus mehr als dessen Beginn in Armut und Heimatlosigkeit. Was aus dieser franziskanischen Krippe im Königreich Neapel des achtzehnten Jahrhunderts wurde, verhielt sich wie der Petersdom zur Katakombe. Krippen mit hunderten Figuren entstanden, jede einzelne mit einem individuellen Gesicht, geschnitzt oder aus Ton geformt von bedeutenden Künstlern, mit winzigen Glasaugen und kostbaren Kostümen. Und diese Figuren bevölkern ganze Landschaften und eine Stadt Bethlehem aus Kork-Architekturen, die Steinquader täuschend ähnlich nachahmten. Um der Perspektive zu genügen, waren die Figuren für den Vordergrund größer als die für Mittel- und Hintergrund, aber alle waren gleich sorgfältig gearbeitet. In diesen Krippen feierte sich das neapolitanische Volk selbst – sie sind ein Großstadt-Produkt, sie bilden das Menschgewimmel in übervölkerten und heruntergekommenen Altstadtquartieren nach. Alle Handwerksberufe sind mit ihren Werkstätten und Läden vertreten: Metzger zerteilen rosige Schweinehälften und stopfen Bratwürste, Schuster sitzen mit Ahle und Pfriem unter Girlanden kleiner Damenpantoffeln, Wirte rollen Fässer und schenken Wein aus, Blinde und Lahme betteln, Mädchen tanzen zur Dudelsackpfeife die Tarantella, Hausfrauen kaufen ein, Kinder spielen, unter Weinpergolen wird geschmaust und um das städtische Treiben vollständig abzubilden, fehlt eigentlich nur ein Freudenhaus und ein Gefängnis – und wo ist eine Kirche mit einem Priester und Ministranten, die die Messe zelebrieren? Man sieht bei dieser Frage die überlegene Miene der Krippenkünstler vor sich: gewiß, die Figuren tragen Barockkostüme, aber das darf nicht davon ablenken, daß es sich um eine Weihnachtskrippe handelt – daß der Erlöser, dessen Opfer in der Messe vergegenwärtigt wird, also doch eben erst geboren ist! Ja, das war dem Betrachter beinahe entgangen – in der ungezählten Menschenmenge mußte doch irgendwie auch die Heilige Familie zu finden sein. Schließlich fand man sie. Sie war sogar etwas hervorgehoben, die Figuren von Maria und Joseph waren ein wenig größer und sie trugen andere Gewänder – keine Volkstracht, sondern die Toga, wie sie auf den Altarbildern des Guido Reni zu finden war, eine überzeitliche, »antike« Gewandung in den vorgeschriebenen Farben Rot und Blau für die Madonna und das violette Patriarchengewand für Joseph, den letzten der Patriarchen des Alten Bundes. Ein Schwarm von kleinen und großen Engeln tanzte über der Heiligen Familie in der Luft; die Geburt des Erlösers hatte nicht in einem Stall, sondern in einer römischen Ruine mit hohen korinthischen Säulen stattgefunden. Und doch ging diese Szenerie in der weit ausgebreiteten Stadtlandschaft unter; das Auge wurde, kaum daß man sie entdeckt hatte, schnell wieder von vielen anderen Details abgelenkt.

War dies nun ein Zeichen kindlicher Verspieltheit, die außerstande war, sich länger einem Gegenstand von großem theologischen Ernst zu widmen? Tatsächlich kann man vor einer neapolitanischen Presepe unversehens auf den Gedanken kommen, das einzige, was ihr fehle, sei eine elektrische Eisenbahn, die durch die Puppenscharen hindurchfahre. Und der Betrachter kann auf noch größere Abwege geraten. Dieses sich in seinen hundert Beschäftigungen drängelnde Volk, das im kollektiven Getümmel ein unbewußtes Daseinsglück genoß, höchst zufrieden im Hier und Jetzt, in seinen Tätigkeiten und im uf*erlos*en Austausch versunken – brauchte das eigentlich einen Erlöser? Lebten diese köstlich gebildeten kleinen Kreaturen wohl in dem Gefühl eines grundsätzlichen Mangels, eines Schadens, der jeder menschlichen Existenz anhaftete? Empfanden sie das Bedürfnis, den Blick über ihr Leben hinaus auf eine höhere Realität zu richten, wo die Gegenwart ihre Aufmerksamkeit doch gänzlich und auch befriedigend in Anspruch nahm? War Religion ein natürliches Bedürfnis oder mußte ein Bewußtsein dafür erst eigens entwickelt und anerzogen werden? Wie stark würde sich dies Volk verändern müssen, wenn es sich auf die Lehre von Schuld, Erlösung und ewigem Leben einließe? In ihrer naiven Erzählfreude bildet die Presepe napoletano trotz ihrer barocken Ästhetik sehr genau den historischen Augenblick der Geburt Jesu ab, in dem dieses Ereignis das Befremdendste und Unverständlichste überhaupt sein mußte – sie läßt die Revolution der Empfindung ahnen, die diese Geburt auslösen sollte. Das in anarchischer Zeitlosigkeit lebende Krippenvolk weiß nicht, wie anders die Welt schon seiner Enkel aussehen wird.

Eine der schönsten neapolitanischen Krippen ist am Rande des Forum Romanum in der Kirche SS. Cosma e Damiano aufgebaut, an einem Ort, an dem sich Antike und mittelalterliches Christentum ineinander verfilzen – die Kirchen dieser Region sind auf den Fundamenten von Tempeln errichtet oder in ganz erhaltene Tempel hineingewachsen: die Vorhalle von SS. Cosma e Damiano ist gar ein runder Kuppelbau aus der Kaiserzeit. Mussolini hat rund um das Forum viele mittelalterliche Häuser, Paläste und Klöster abreißen lassen, um das antike Rom aus den Überbauungen herauszuschälen – aber in der Presepe napoletano und ihren Korkbauwerken glaubt man dieses untergegangene Viertel wiederzufinden: die Wohnhäuser späterer Zeit, die sich wie Bienenwaben an die gewaltigen Trümmer der Tempel und kaiserlichen Repräsentationsbauten schmiegen. Wie durch ein umgedrehtes Fernglas werden die Epochen der Vergangenheit klein und schieben sich ineinander, während der Betrachter das Gefühl für den eigenen Standort zu verlieren glaubt.

Marion Poschmann

Der Portinari-Altar

Das Tryptichon von Hugo van der Goes, das sich heute in den Uffizien in Florenz befindet, sah ich zum ersten Mal auf einer Wanderung durch die Toskana. Ich studierte noch, und während der Semesterferien hatte ich mich auf eine dezidierte Bildungsreise begeben, mit Rucksack, mit Übernachtung unter freiem Himmel, ohne Begleitung, nämlich in der Absicht größtmöglicher Ungebundenheit, um frei zu sein für die Kunst.

Draußen sirrte das Gras in der sommerlichen Hitze, drinnen hat mich das kühle Weihnachtsbild sofort ergriffen und ist seither das Bild, das ich vor Augen habe, wenn ich an Weihnachten denke.

Der Mittelteil zeigt die Geburt Jesu. In einer massiven Ruine, die zum Stall umfunktioniert ist, beten Maria und Josef, beten die Hirten und Engel das Kind an. Auf dem linken Flügel ist kniend der Stifter Tomasso Portinari mit seinen beiden Söhnen zu sehen. Hinter ihm steht sein Namenspatron, der Apostel Thomas, zu erkennen an der Lanze, die daran erinnert, wie Thomas, der Zweifler, erst glauben wollte oder konnte, nachdem er seine Finger in die von dieser Lanze geschlagene Wunde gelegt hatte. Der andere Heilige ist Antonius der Große mit dem T-förmigen

Stab, dem Antoniuskreuz und dem Glöckchen. Auf dem rechten Flügel kniet die Frau des Stifters, Maria Baroncelli, mit ihrer Tochter Margarita. Wieder sind die Heiligen im Hintergrund nach den Namen der Knienden gewählt: im hellen Kleid Maria Magdalena mit dem Salbgefäß und im roten Mantel Margareta von Antiochia, die gewöhnlich gemeinsam mit einem Drachen dargestellt wird, der auch hier sein Maul zu ihren Füßen aufreißt, aber erst auf den zweiten Blick zu erkennen ist. Vielleicht hat der Künstler den Drachen bewußt stiefmütterlich behandelt, weil ein Drache auf einem Weihnachtsbild in der Regel nichts zu suchen hat. Vielleicht hat er ihn aber auch mit Absicht wie einen Albtraum aus der Tiefe auftauchen lassen, ein Ungeheuer, das von Beginn an der Idylle eine unheimliche Note verleiht. Diese Unheimlichkeit prägt das gesamte Bild, sie zeigt sich in den seltsam verzerrten Gesichtern der Hirten, in den leicht konsternierten Gesichtern der Heiligen, die eher die Leidens- als die Erlösungsgeschichte vorauszuahnen scheinen, und sie ist einer der Aspekte, die dieses Bild so außergewöhnlich erscheinen lassen, es unter den unzähligen Bearbeitungen desselben Sujets zu einem einzigartigen Kunstwerk machen.

Das Entscheidende an diesem Bild ist jedoch das Blau. Das tiefe Blau der Nacht im Gewand Mariens, das kühle Blau des hellen Tages in den Kutten der Engel, die aus ihren unendlichen Höhen auf die Erde herabgekommen sind und dort jetzt die Hände falten. Das Hellblau der beiden Engel, wenngleich es alles Licht des Tages in sich schließt, wirkt letztlich ziemlich sachlich, geradezu profan gegenüber dem geheimnisvoll schimmernden Blau des Nachthimmels, des nächtlichen Meeres, gegenüber

Hugo van der Goes, Portinari-Tryptichon, 1480-1483

dem Glanze Marias als *stella maris*, als Meeresstern. Dieses ausgedehnte, gemeinhin unfaßbare Blau hat Gestalt angenommen, hat sich im Stoff, der den Körper der Mutter nachformt, materialisiert, und erweist sich somit als das wahre, einzig mögliche Gewand des nackten Kindes, das relativ unscheinbar auf dem gleichfalls nackten Boden liegt, nur von einer Aureole umgeben, deren Strahlen aussehen, als seien sie mit einem Stöckchen in den Lehm gekratzt.

Der Portinari-Altar gilt als eines der markantesten flämischen Renaissancewerke, die sich dadurch auszeichnen, daß die religiöse Szenerie als vergleichsweise realistische Situation vorgestellt wird. Hinter dem Stallgebäude läuft das alltägliche Leben der Ansiedlung weiter. Auch wenn einige Engel durchaus schweben, so ist doch der überwiegende Teil von ihnen in seinem Habitus von den übrigen Personen kaum zu unterscheiden. In dem ganzen Bild herrscht die Ruhe des Einfachen und Selbstverständlichen, ganz im Gegensatz zu anderen Darstellungen dieses Themas, in denen große Mengen lobsingender Putten, Zimbeln, Pauken und Trompeten aufgefahren werden.

Die schlichten Hirten erscheinen wie Ochs und Esel unstilisiert, sie haben individuelle Gesichter, die starke Gefühle ausdrücken, während die Züge der Heiligen zwar Ernst, Würde und Weisheit ausstrahlen, die detaillierten Frisuren und die elegante Kleidung, die teuren Stoffe und Pelze aber auch diese Figuren fest ans Diesseits heften.

Die mystische Qualität, die dieses Bild dennoch besitzt, verdankt sich dem Einsatz des Blauen. Das himmlische Nachtblau, das sich in Maria konzentriert, steht in frappierendem Gegensatz zu dem naturalistisch gemalten

Tageshimmel hinter dem Stall. Dieser Himmel ist grau, winterlich, bewölkt, er ist leer. Nur die Heiligenscheine der Anbetenden, mit dem gleichen Strich gemalt wie der Strahlenkranz um das Kind, gehen wie angedeutete Sonnen an diesem zunächst sonnenlosen Himmel auf, oder vielmehr markieren sie den Sonnenlauf mit den aufgehenden Kreisen im rechten, den untergehenden im linken Flügel, sie verweisen auf den hinter Wolken verborgenen Weg der Sonne, jener Sonne, die am Himmel abwesend ist, weil sie sich auf dem Boden des Stalles befindet: ein Sonnengott liegt dort, der Sonnengott im Inkarnat eines Kindes.

Lukas Cranach d. Ä., Die Geburt Christi, um 1520

Michael Krüger

Lucas Cranach d. Ä., Geburt Christi

Ich gehöre noch zu der Generation, die am Heiligen Abend, vor der Bescherung, die Weihnachtsgeschichte zu hören bekam, wie sie Lukas aufgeschrieben hat. Mein Vater las sie mit sonorer Stimme aus einer alten, übergroßen Bibel vor, die so aussah, als könnte in ihr nur die Wahrheit stehen, nichts als die Wahrheit. »Es begab sich aber zu der Zeit, dass ein Gebot von dem Kaiser Augustus ausging, dass alle Welt geschätzet würde. Und diese Schätzung war die allererste und geschah zur Zeit, da Quirinius Statthalter in Syrien war …« Dieser offiziöse, steife Ton wollte so gar nicht zu der phantastischen Geschichte passen, die in dem dann folgenden Text angeblich in Bethlehem passiert war und ohne nähere Begründung mitgeteilt wurde, dass nämlich ein Engel dem armen Joseph und seinem ihm angetrauten Weibe Maria erklärte (»verkündete«), dass das kleine Kindlein, eben geboren, kein anderer als der lang erwartete Heiland sei, »welcher ist Christus der Herr«. Wie soll man diese unerhörte Begebenheit einem Kind im Berlin der Nachkriegszeit begreiflich machen? Die seltsame Mischung aus Furcht und Ehrfurcht – weil Weihnachten ohnedies nicht mit rechten Dingen zu betrachten war –, die uns Kinder jedes Mal befiel, wenn zur Sprache kam, dass es sich bei diesem Jesus auch noch um den Retter der Welt handeln solle, hat sich bei mir bis heute nicht aufgelöst. Furcht vor was? Vor der Tatsache, dass dieser gerade auf die Welt gekommene Wurm in der Krippe, der nicht wie wir in die Schule gehen musste, uns 2000 Jahre später immer noch als Vorbild dienen sollte? Das Unerhörte, Unwahrscheinliche, ja Skandalöse dieser Geburt bleibt selbst gläubigen Menschen ein Mirakel.

Womit ich keinerlei Schwierigkeiten hatte, waren die Umstände dieses seltsamen Auf-die-Welt-Kommens. Auch ich war vielleicht nicht direkt in einem Stall geboren worden, wohl aber neben einem Stall, auf einer Matratze, die mit Stroh gefüllt war, und im Stall standen Ochs und Esel (die Pferde waren in Russland geblieben, es war der strenge Winter 1943). Aber das traute Nebeneinander von Mensch und Tier war mir ganz selbstverständlich.

Ich war dann aber doch überrascht, als ich die ersten Darstellungen dieser unerhörten Geburt zu Gesicht bekam, wahrscheinlich in den Kalendern, die man damals noch zur Weihnachtszeit verschickte. Diese Schönheit, dieser Glanz, diese Geborgenheit, diese Wärme! Irgendwie war aus der grausamen Szene, wie sie Lukas beschrieben hatte, eine Idylle geworden. Ich weiß nicht mehr, wann ich zum ersten Mal das Bild von Lucas Cranach gesehen habe, aber es ist seit Jahrzehnten mein Weihnachtsbild geblieben, obwohl es auf den ersten Blick so wenig mit dem Churfürstlich sächsischen Hofmaler zu tun hat, der in meiner Nachbarschaft, in Wittenberg, seine unvergesslichen Gesichter gemalt hat. Was mich immer zutiefst berührt hat, war die Nähe von Ochs und Esel, die mit ihrem warmen Atem das kleine Kind vor der kalten

Welt beschützen, ihre Solidarität und Freundlichkeit. Und natürlich die runden Köpfe der Engel, die dann in dem Bild vom Bethlehemitischen Kindermord, ebenfalls 1515 gemalt, getötet und auf einen Haufen geschmissen, wieder auftauchen. Nur Joseph gab mir immer ein Rätsel auf. Dieser alte Herr mit der kaputten Nase und der riesigen glatten Stirn konnte ja unmöglich der Mann von Maria und der Vater von Jesus sein! Wenn überhaupt ein Verwandtschaftsverhältnis besteht, dann konnte er nur der Großvater sein.

Aus dieser Zeit gibt es nur wenige Nachtbilder, selbst Christus als Schmerzensmann an der Geißelsäule (ebenfalls 1515 gemalt), in einer dunklen Kirche dargestellt, wird in hellem Licht gezeigt, und auch das gewaltige Bild Christus am Ölberg von 1520 zeigt ihn in einem klaren Dämmer, der alle Details übergenau zur Geltung bringt. Die Geburt Christi ist das einzige mir bekannte Bild Cranachs, in dem die Bilderzählung ganz aus dem Dunkel entwickelt wird. Selbst der Engel der Verkündigung in seinem blauen Kreis hat nur so wenig Licht, dass gerade noch der weiße Rücken der Schafe sichtbar wird – und die Gesichter der Hirten.

Viel später erst habe ich das Porträt Cranachs in den Uffizien gesehen, das Bildnis eines gütigen, selbstbewussten Menschen (der einmal zu den reichsten Bürgern Wittenbergs zählte), und seither ahne ich, was diesen Maler der Reformation und Freund Luthers dazu veranlasst hat, die Geburt Christi aus dem Reich der Dunkelheit heraus zu erzählen. Solange also noch Weihnachten erinnert und gefeiert wird, so lange wird auch Cranachs Bild unsere Imagination beschäftigen.

Lucas Cranach, Anbetung der Hirten, 1564

Friedrich Schorlemmer

Das Geheimnis der Gleichzeitigkeit

Dieser türlose Stall von Bethlehem hat es mir seit meiner Kindheit angetan. Das Dreidimensionale im Zweidimensionalen, der offene Blick in die Welt des Gleichzeitigen. Engelchen, Putten tanzen im Gebälk. Am meisten hat mir immer die demütig-begeisterte Gestik der drei Hirten gefallen. Sie schauen geradezu verzückt auf das Kind im Futtertrog. Nicht von ungefähr tragen die 15 Putten direkt über ihnen die Verheißung: *Und den Menschen ein Wohlgefallen.* Einer der Engel wirkt geradezu übermütig; er beißt vor Begeisterung in das Banner.

Über Maria, Joseph und dem Kind prangt die Schrift *Ehre sei Gott in der Höhe.* Der wirkungsgeschichtlich so gewichtige Halbsatz *und Friede auf Erden* richtet sich auf die Welt »da draußen«, auf den weiten Horizont, auf den der Betrachter vom Stall aus schauen kann. Und er hängt zugleich über Ochs und Esel mit ihrer Futterkrippe. Eingefasst wird der offene Stall durch die Rundung, die an eine Kirche erinnert: eine Kirche in der Welt, wo im Profanen das Sakrale zur Darstellung und Würdigung kommt. Keine kleinen Apsisfenster, sondern nach Osten hin geweiteter Blick hinaus in die raue Welt, bis an den Ort in der Ferne, von dem aus die Hirten gehört und gesehen hatten, dass ihnen und aller Welt der Retter geboren worden sei. Schafhirten, ausgerechnet diese derben Typen, die mit Unreinem umgehen und dunkle Geschäfte machen, zählen zu den Ersten, die diesem Kind ihre Referenz erweisen.

Cranach malt seine Bilder oft mit »offenem Horizont«, der die Gleichzeitigkeit von Ort und Zeit ins Bild bringt, buchstäblich »ins Bild« bringt. Die Hirten stehen noch fernab bei ihren Hürden. Sie werden vom himmlischen Lichtstrahl getroffen, der ihre Dunkelheit erhellt, aber sie selbst zunächst nur blendet. Zugleich stehen sie bereits im Stall. Der eine Hirte nimmt den Hut ab – vor jenem Kind in der Krippe. Jedes Neugeborene ist ein Wunder! *Dieses* Neugeborene wird das Wunder der Welt schlechthin. Ein neuer Mensch, der will, dass es neu wird in der Welt des Unfriedens, des Hungers, der Kälte, der Gewalt, des Kampfes ums Dasein. Strahlender Bildmittelpunkt ist das eingewickelte, geradezu verpuppte Kind, dahinter die hingebungsvolle Maria mit dem geöffneten »goldenen« Haar der Jungfrau, die in einer demütigen Gebetsgeste vor diesem Kind verharrt, während Joseph neben ihr augenscheinlich kaum etwas begreift, aber doch ganz selbstverständlich dazugehört.

Der gut genährte Ochse und der eher an ein Pferd erinnernde Esel vertragen sich prima. Sie leben in kreatürlicher Gemeinschaft mit den Menschen, Haustiere eben, zum Hause gehörend.

Der Steintrog ist mit duftendem Heu gefüllt. Der Esel zerrt es mit dem Maul durch das Gitter.

Die 15 Putten scheinen das ganze Glück der Welt zu repräsentieren. Sie spielen tänzelnd im Gebälk und halten dem Betrachter die Friedens-Weihnachtsbotschaft hin.

Das ist es, worauf es ankommt: auf dem freien Feld, im unbehausten Dasein, in der Geborgenheit eines umgrenzten Raumes, in der fremden Welt ein Zuhause finden und über sich einen Stern sehen zur Nachtzeit. Das Bild trägt den Titel »Anbetung der Hirten«. Doch fällt hier niemand ehrfürchtig nieder und betet an. Vielmehr erscheinen drei Neuankömmlinge, verzückt angesichts dieser Geburt. Sie haben nichts zu bieten als ihre Neugier, bringen nichts mit als ihre Verwunderung – das, was sie zuvor in der Nacht auf dem Felde gehört hatten, das sehen sie jetzt.

Für den Evangelisten Lukas hat das noch eine besondere Note. Er ist der Evangelist, der sich den Verlorenen, Kranken, Verlassenen, Einsamen, Vergessenen, Ausgestoßenen in besonderer Weise zuwendet. Er ist gewissermaßen der Sozialrevolutionär, der einer Kultur der Barmherzigkeit eindrucksvoll das Wort redet und lebenspraktisch wird.

Noch ist nicht klar, was aus dem Kind werden wird. Alles im Bild richtet sich auf das Kind in der Mitte aus. Dass hier etwas ganz Großes geschehen ist, soll erkennbar werden: bei der Geburt eines Menschen sowieso, bei dieser Geburt eines vom Himmel her adoptierten Hoffnungsträgers erst recht. Der Stall ist so offen, wie andere Räume in der Herberge für die Geburt dieses Kindes verschlossen geblieben waren. Ein lichter Bau, der Bogen im Vordergrund verleiht dem Profanen etwas Sakrales. Eine Kirche im Rohbau! Kirche ist immer im Rohbau. *»Es ist noch nicht erschienen, was wir sein werden.«*

Dieser Kirchenstall wird so konzipiert, dass Jeschua, in der Krippe liegend, gewissermaßen der Grundstein ist. Im steinernen Trog liegt er, über sich den blauen Himmel, am Horizont das Erhellende des Lichtes in der Nacht. Erst in der Nahaufnahme sieht man, wie die Engel (alle erkennbar männlich!) mit ihren gelb-braun-goldenen Federn sich freudig im Gebälk zu schaffen machen. Geradezu begeistert wirken sie, da sie ihre Botschaft denen hinhalten können, die sie anschauen.

Maria kniet an der Krippe. Sie ist dem Kind am nächsten und ihrem Kind ganz zugewandt. Die Unterarme sind vor ihrer Brust gekreuzt, eine Geste ganzer Hingabe. Zugleich weisen die gekreuzten Arme auf den Weg hin, den dieses Kind einmal gehen wird, gehen *muss*. Es ist die Vorahnung Marias vom Kreuzweg Jesu, die Cranach andeuten will.

Maria ist freilich nicht die arme, schlichte Magd, wie sie Martin Luther beschrieben hatte, sondern eine geradezu vornehme Dame, deren grazile Hände nicht von harter Arbeit zeugen.

Sie ist eher eine gut situierte jungfräulich-reine Dame: gelocktes offenes Haar mit prächtigem Kleid in königlichem Blau. So spielt sie schon die Rolle, die ihr als Mutter Jesu, als die »Gottesmutter« in der Kirche zugewiesen wird. Sie wird die mütterliche Mittlerin des Heils. Ihr roter Umhang verbindet sie mit dem in ein rotes Tuch gewickelten Neugeborenen, auch mit Joseph und den Hirten.

Auch die Banner im Gebälk sind in Rot gehalten. Joseph steht geradezu schützend hinter Maria – zwischen ihr und den fremd-neugierigen Gesellen, die angemessenen Abstand halten.

Die Hirten begegnen uns in der Kleidung von wohlhabenden Bauern des 16. Jahrhunderts. Sie sind festlich gekleidet. Hut, Hirtenstab, Dolch und Hirtenflöte. Sie treten nicht von ungefähr seitlich in den Stall; sie sind geradezu Seiteneinsteiger. Der Zugang für Leute, die da im Schatten der Nacht durchaus finstere Geschäfte machen, wird gewährt, ist erwünscht. Zum Tempel hätten diese Burschen keinen Eingang gefunden. Immer war »draußen vor der Tür« ihr Platz. Sie hatten der Botschaft der Engel auf dem Felde, da sie ihre Herden hüteten, geglaubt und sind dem himmlischen Traumbild gefolgt.

Die populären Tiere, der Ochs und der Esel kommen in der biblischen Weihnachtsgeschichte gar nicht vor. Sie schauen uns Menschen nicht an. Sie wissen wo ihr Platz ist, wohin sie gehören. Als Nutztiere sind sie noch Partner und Beisassen: Haus-Tiere. »Der Ochse kennt seinen Besitzer und der Esel die Krippe seines Herrn, aber Israel hat keine Erkenntnis und mein Volk hat keine Einsicht.« So steht es beim Propheten Jesaja. Diese Tiere scheinen glücklich. Sie gehören dazu. Wie die Menschen haben sie einen unverwechselbaren Namen, mit dem sie angerufen werden. Diese Tiere werden nicht durch ihre Aufzucht gequält. Ochs und Esel sind ganz still und ganz mit ihrem Futter beschäftigt. Sie repräsentieren die Schöpfung, die Partnerschaft zwischen Mensch und übriger Kreatur. Sie sind in diesem Stall zuhaus. Ganz zuhause.

Am rechten oberen Bildrand ist das Hauswappen des Stifters, des Ratsherrn Caspar Niemeck und seiner Ehefrau, eingefügt. Das kinderlose Ehepaar kniet anbetend vor dem Kind in der Krippe. Dieses Wappen ist nicht eindeutig zu lesen. Aus der Raute wächst ein Stück Wurzelholz mit drei Rosenblüten. Das bezieht sich sicher auf die Weissagung des Propheten Jesaja: »Und es wird ein

Reis hervorgehen aus dem Stamm Isais und ein Zweig aus seiner Wurzel Frucht bringen.« Seit alters wird diese Weissagung auf Jesus bezogen. Ein »Reis« wurde in der Tradition eine »Rose« – die Rose im Winter, so, wie ein Sprössling aus der Wurzel eines gefällten Baumes herauswächst. Eine nimmermüde Hoffnung.

Will sagen: Wo wir Menschen das Ende sehen, fängt Gott neu an. Wo alles in Kälte erstarrt, blüht neues Leben auf. Dennoch. Immer wieder werden wir gleichzeitig, alle Jahre wieder im DENNOCH. Mach's wie Gott. Werde Mensch!

Ralf Meister

»Sie hatten sonst keinen Raum …«

Der Weg führte entlang der Weser in den Ort Grave. Wir kamen mit dem Fahrrad und stoppten an der kleinen Kirche. Eine Frau begrüßte uns und geleitete uns in die Dorfkirche. 400 Jahre alt, ein schlichter rechteckiger Bau. Innen war ein Gemeinderaum abgetrennt, so dass der Sakralraum fast quadratisch ist. Fasziniert standen wir vor dem Altar. Eine große Weihnachtsszene nahm uns gefangen. Ein Bild von Michael Triegel, einem Maler aus Leipzig. Erst vor wenigen Jahren hatte es die Kirchengemeinde in Auftrag gegeben.

Im Hauptbild des dreiflügeligen Altars sieht man Maria und Joseph nebeneinandersitzen. Umhüllt von einer Gloriole auf einem weißen Tuch liegt das neugeborene Kind am Boden. Drei Menschen in der Heiligen Nacht. Die junge Maria, der alte Joseph und das kleine Kind in einem Raum aus Stein und Brettern. Im Mauerdurchbruch weiße Lilien, die Blumen der Maria. Auf dem Boden an der Krippe Brot und Wein, Vorboten des Abendmahls. Über ihnen formen die Dachbalken ein großes Alpha, der erste Buchstabe des griechischen Alphabets. Ein Symbol für den Beginn der neuen Welt. Daneben Joseph mit grauem Haar und eingefallenen Gesichtszügen, der die Flamme der Lebenskerze sorgsam schützt. Vom Säugling bis zum Greis, von der Geburt bis zum Tod – die ganze Spannbreite des Lebens in einem Ort des Nirgendwo.

Was zunächst nach einer traditionellen Krippenszene aussieht, in der allerdings die üblichen Ergänzungen wie die Hirten, die Weisen, die Engel und die Tiere fehlen, ändert sich beim Blick hinaus über den Rand der einfachen Herberge. Denn der ganze Stall hängt in eigenartiger Weise an langen, straff gespannten Seilen. Man erkennt nicht das System, man sieht nur, wie die Taue Steine und Bretter umfassen und nach oben im Nachthimmel verschwinden. Blinkende Sterne und kosmische Lichter funkeln im Hintergrund. Keine Felder von Bethlehem, keine zeitgemäßen Landschaftsbilder mit Hügel und ferner Stadtsilhouette am Horizont. Eine Geburt schwebt mitten im Universum.

Der Ursprung für dieses Bild ist ein rätselhafter Satz bei Hiob im Alten Testament. Dort heißt es: »Er spannt den Norden aus über dem Leeren und hängt die Erde über das Nichts.« In den leeren Raum sendet Gott seine Gegenwart in Christus. Und dieser Raum, Fokus der Welt, ist aufgehängt in der Unendlichkeit des Kosmos. Im leeren Raum, in dem kein Halt ist, entfaltet Gott seine Kraft, seine Gravitation und Majestät.

Ein hell erleuchteter Lebensraum schiebt sich vor die Dunkelheit und bewahrt unseren Blick vor der Verlorenheit im schwarzen Universum. Ein heller Streifstern, eine trübe Mondsichel und ein rotierender Sternnebel zeichnen die unendlich-kosmische Weite hinter dem Stall. Mit dieser Konzentration entsteht eine neue Topologie.

Michael Triegel, Altar der Stadtkirche Grave

Die Bewohner dieses Stalls haben lange nach einem Raum gesucht. »Und sie wickelte ihn in Windeln und legte ihn in eine Krippe; denn sie hatten sonst keinen *Raum* in der Herberge«, so heißt es in der Weihnachtsgeschichte (Lukas 2,7).

Nun finden sie sich schwebend in einem abgegrenzten, schützenden Ort. Es ist eine menschliche Grundgeste, einen Raum in dieser Welt zu suchen. Zur Welt kommen heißt immer auch einen Raum einnehmen. Und weil diese Geste so grundlegend ist, durchzieht sie unsere ganze Existenz. Die erste Suche der Eltern, nachdem das Neugeborene den bergenden Ort des Mutterleibes verlassen hat, ist die Suche nach einer Herberge, ganz egal ob Krippe oder perfekt gestyltes Kinderzimmer. Unser Leib braucht eine räumliche Umhüllung, sonst stürzt er ins Nichts. Und so ist dieses hängende Stallensemble mehr als nur eine notdürftige Unterkunft. Joseph, Maria und Jesus fanden einen Raum, in dem sie Wohnung nehmen konnten mitten in der Leere. Die Dignität eines Raumes lässt sich nicht in physikalischen Begründungen einer Raumtheorie finden. Sie verbirgt sich nicht in einer Kosten-Nutzen-Analyse oder Wirtschaftlichkeitsberechnung. Sie wird erfahren und erlebt. Sinnlich wahrgenommen und unbewusst-bewusst verarbeitet. Jeder kann von seinen Träumen erzählen, in denen er durch die verschiedenen Wohnungen seines Lebens wandert und so die Schätze der alten Tage hütet. Weihnachtliche Kinderorte bleiben unvergessen. Das alle diese Orte des Lebens eine neue Qualität bekommen durch die räumliche Anwesenheit Gottes, skizziert dieser »Stall im Nirgendwo«. Es gibt eine neue Ortskunde des Lebens, die mit Jesus in dieser Welt beginnt. Das Leben ist nicht gesichert eingepasst in das vertraute Wohnzimmeridyll der Weihnachtsnacht, sondern es wird in seiner zerbrechlichen Gegenwart an einen gewagten Ort geführt; mitten in diese Welt. So kommt Gott in unser Leben. Im unendlichen Universum zwischen Abermillionen von Sternen hat er unsere Erde als Bethlehem ausgewählt. Hier will er wohnen. Unter uns will er sein. Seit dieser Nacht schützt Gott uns vor den Haltlosigkeiten des Lebens. Mit seinem hellen Schein umhüllt er unsere verletzliche Existenz.

Wir verließen die Kirche und fuhren an diesem warmen Spätsommertag weiter an den Flussschleifen der Weser entlang. Die ersten frühreifen Äpfel fielen von den Bäumen am Wegrand. Wir genossen das Licht und den Himmel. Kein Gedanke ans Weihnachtsfest. Das Bild begleitet mich seit diesem Tag.

Egbert Codex, Anbetung der Magier, ca. 980

Norbert Lammert

Anbetung der Magier

Die Heiligen Drei Könige gehören seit Jahrhunderten zu den bekanntesten Gestalten der Geschichte, die es gar nicht gibt. Jedenfalls hat es sie so wie biblisch überliefert historisch nicht gegeben. Dennoch und gerade deshalb haben sich immer wieder nicht nur Theologen und Astronomen mit ihnen beschäftigt, sondern auch Künstler aller Gattungen: Schriftsteller, Maler, Zeichner, Kupferstecher, Bildhauer, Steinmetze, Goldschmiede.

Auf dieser Darstellung in einem der frühen, berühmten Codices aus dem Kloster Reichenau erscheinen die »Magier« gleich zweimal: auf der Anreise aus der Ferne und in der Anbetung vor der Krippe – als wollten sie alle Zweifel durch demonstrative doppelte Präsenz beseitigen.

Und den Stern, dem sie gefolgt sind, gibt es auch.

DIE ANDERE DREIKÖNIGSGESCHICHTE

Als die Heiligen Drei Könige, die wohl keine Könige waren und gewiss nicht heilig, sich nach Bethlehem in Judäa aufmachten, folgten sie keinem Stern, sondern einem damals weit verbreiteten Gerücht, dort sei in einem schlichten Stall ein Kind geboren, das die Welt verändern und die Menschen von Unterdrückung und Ausbeutung befreien werde. Für alle mächtigen Stammesfürsten war dies eine beunruhigende Nachricht, die nicht nur in der römischen Provinz für Aufsehen sorgte. Und so versammelten sich nicht nur einfache Leute aus der Umgebung, sondern auch Reisende aller Art, um vor Ort – je nach der eigenen Betroffenheit – die Chancen und Risiken dieser geheimnisvollen Botschaft zu erkunden.

Dazu gehörten auch drei einflussreiche und wohlhabende Männer aus Europa, Afrika und Asien – nennen wir sie Kaspar, Melchior und Balthasar –, die nichts miteinander gemeinsam hatten als die Neugier wie die Sorge um die eigene Zukunft und eine gewisse Eitelkeit, die sich in der Auswahl der Geschenke erkennen ließ, die sie für ihren unangekündigten Besuch mitgenommen hatten: Gold, Weihrauch und Myrrhe. Damit konnte man ein neugeborenes Kind kaum beeindrucken, allenfalls dessen spätere Nachlassverwalter. Aber das ist eine völlig andere Geschichte.

Als die drei nach langer, mühsamer Reise in Bethlehem eintrafen, fanden sie weder den Stall noch das Kind. Tatsächlich konnten sie nicht wissen, dass es dort gar nicht geboren war, zumal dieser kleine Flecken nicht weit von Jerusalem erst sehr viel später und irrtümlich zum Schauplatz des Beginns einer neuen Zeitrechnung erklärt wurde. Die Auskunft ungebildeter einheimischer Hirten, die Familie befinde sich längst auf der Flucht, möglicherweise nach Ägypten, da der jüdische König, den es tatsächlich gab, den Befehl der Ermordung aller neugeborenen Knaben erteilt habe, den es wohl nicht gab, schien ihnen ebenso glaubhaft wie die Aussichtslosigkeit, die Flüchtlinge irgendwo jenseits der Landesgrenzen aufzufinden.

Die Enttäuschung über die vergeblichen Strapazen ihrer jeweils gescheiterten Mission und die Entschlossenheit, keineswegs unverrichteter Dinge in ihre Heimat zurückzukehren, bewog die drei Männer, ein Abkommen miteinander zu schließen, das in ihren Ländern den Umsturz vermeiden sollte, den die frohe Botschaft dieser unerhörten Begebenheit allen Menschen guten Willens verheißen hatte. Und so tauschten sie ihre mitgebrachten kostbaren Geschenke gegen drei noch viel wertvollere Gaben, die jeder als das Vermächtnis des anderen in die eigene Heimat bringen sollte: die Freiheit, die Brüderlichkeit und den Frieden. Nicht überliefert ist, welche dieser Verheißungen in welchem Land Wirklichkeit werden sollte. Historisch gesichert ist dagegen, dass weder Gold noch Weihrauch noch Myrrhe jemals in einem Stall in Bethlehem gefunden wurden – und Frieden und Freiheit und Brüderlichkeit sich dauerhaft nirgendwo etablieren konnten: in Afrika und in Asien nicht und in Europa auch nicht.

Aber solange die Sterne am Firmament leuchten, bleibt die Erinnerung an ein magisches Ereignis und sein großes Vermächtnis, das bis in unsere Tage viele Menschen guten Willens für eine Verheißung halten.

Die Anbetung der Könige, Kathedrale Saint-Lazare, Autun.

Annette Schavan

Anbetung der Könige

Die Botschaft ist in Stein gehauen: Weise knien vor dem Kind. So endet die Weihnachtszeit. Das Bild eignet sich gut als Abschluss einer großen Zeit des Kirchenjahres, die mit dem ersten Advent begonnen hat. Es ist gleichsam die Zeit der großen Gefühle im Kirchenjahr. Sie bietet einen reichen Bilderbogen und berührt nicht nur Menschen christlichen Glaubens. Vermutlich sind die Ereignisse des Advent und der Weihnacht unter allen christlichen Motiven jene, die am häufigsten in Worten und Bildern dargestellt werden.

Die biblischen Geschichten dieser Zeit berühren Grundfragen des Menschen. Sie erzählen von den Erfahrungen derer, die das Kind erwarten und es dann in einem Stall in Bethlehem finden. Menschen – allen voran die Hirten auf dem Feld – erkennen in diesem Kind den Mensch gewordenen Gott und ahnen, dass etwas Neues begonnen hat. Die Geschichten handeln von Haltungen, die Menschen einnehmen, wenn sie sich dem Neuen öffnen.

Am Fest der Erscheinung des Herrn kommen die Mächtigen und ihre Berater in den Blick. So lässt sich wohl am ehesten das griechische Wort mágoi übersetzen. Jene, die die Reichen, die Könige und eben Mächtigen beraten. Gemeint sind die, die zu allen Zeiten herausfinden sollen, wo und wie Neues entsteht, das die bisherige Wirklichkeit übersteigt und dauerhaft verändert.

So erzählt die Geschichte von ihrem Weg, einem Stern folgend, und von der Freude, das Kind zu finden: »Und der Stern, den sie hatten aufgehen sehen, zog vor ihnen her bis zu dem Ort, wo das Kind war; dort blieb er stehen. Als sie den Stern sahen, wurden sie von großer Freude erfüllt. Sie gingen in das Haus und sahen das Kind und seine Mutter; da fielen sie nieder und huldigten ihm. Dann holten sie ihre Schätze hervor und brachten ihm Gold, Weihrauch und Myrrhe als Gaben dar.« (Mt 2,9–11)

Die Botschaft ist in Stein gehauen und wirkt doch so lebendig. Das Kind greift nach den Gaben, einer richtet seine Mütze und alle wirken präsent und staunend. Das ist – in aller Reduktion – eine anrührende Darstellung. Sie spricht von Gott und von Menschen. In diesem Kind zeigt sich Gott in seiner großen Treue zum Menschen. Er wählt für seine Menschwerdung den Ort der Krippe und erscheint der Welt ohne jedes hoheitliche Zeichen. Und es begegnen ihm jene, deren Weisheit sie zum Aufbruch aus ihrer vertrauten Umgebung geführt hat. Im Angesicht des Kindes werden sie zu Betern.

Diese Haltung steht am Ende der Weihnachtszeit – die Huldigung und das Gebet der Weisen bei einer ungewöhnlichen Begegnung. Wer so wie diese Weisen reagiert, der steckt mitten in der Erfahrung, dass etwas Neues beginnt, das alles Bisherige hinter sich lässt.

Die Wochen des Advent und der Weihnacht erzählen manche Geschichte, die Begegnungen von Menschen in ungewöhnlichen Situationen beschreiben.

Denken wir an Maria und Elisabeth, zwei Frauen, deren Leben eine unvorhergesehene Wendung nimmt. Von ihrem Leben wird uns nicht viel erzählt, wohl aber über ihre Haltung. Sie lassen sich auf eine gänzlich neue Lebenssituation ein. Weder die eine noch die andere hat eine Erklärung für das, was geschehen ist. Ihre Haltung mündet im Magnificat, das Maria singt. Es klingt wie ein Hymnus zum Anfang einer neuen Zeit. Der Text mahnt die Mächtigen und Reichen – möglicherweise vor allem davor, am Bisherigen festzuhalten und sich der neuen Zeit entgegenzustellen. Maria und Elisabeth sind Menschen des Advent.

In der an Bildern und Geschichten reichsten Zeit des Kirchenjahres werden uns Haltungen vor Augen geführt, mit denen Menschen sich auf Neues, auf bislang Undenkbares, auf einen Anfang einlassen. Das ist ein anderer Blick als viele unserer Weihnachtsschilderungen. Die handeln von den Traditionen. Dann schwärmen wir davon, wie wichtig es ist, alle Jahre wieder auf die Traditionen zurückzukommen. Es soll so sein wie immer, manchmal bis zur Speisenfolge am Heiligen Abend. Es scheint, als sei das der sichere Hafen nach den Anstrengungen eines Jahres. Weihnachten soll vertraut bleiben. Zu keiner Zeit des Jahres haben wir einen so großen Traditionsbestand, der vertraute Umgebungen schafft.

Zu den mir seit Kindertagen vertrauten Bildern gehören die im Volksmund so genannten Heiligen Drei Könige. Nach ihnen war unsere Pfarrgemeinde benannt. Sie liegt im Rheinland, wo im Kölner Dom der prächtige Dreikönigenschrein steht. Der 6. Januar war für uns in der Gemeinde und auch in der Familie ein Festtag. Bis heute ist das für mich so geblieben, und natürlich habe ich im Laufe der Jahre viele Dreikönigsbilder gesehen – wunderbare Darstellungen, farbenfroh und mit Liebe zum Detail königlicher Insignien verbunden. Sie sind mir vertraut und gehören gleichsam zu meinem kulturellen Weihnachtsgedächtnis. Immer wieder habe ich neue Darstellungen gefunden, die mich an den festlichen Abschluss der Weihnachtszeit meiner Kindheit erinnern.

Mein schönstes Weihnachtsbild aber bleibt die Anbetung der Könige in Saint-Lazare in Autun. So vertraut das Motiv ist, so provozierend ist die Botschaft. Der Moment, der festgehalten ist, und die Dichte der Darstellung führen zum Kern einer Haltung, die Weihnachten zum Anfang einer neuen Zeit werden lässt: Mächtige knien vor dem Kind. Sie entdecken Großes im Kleinen. Sie haben die Kunde von der Geburt eines besonderen Kindes nicht abgewiesen und eine rasche Erklärung gefunden. Sie sind aus ihrer vertrauten Umgebung aufgebrochen und haben sich auf den Weg in die Fremde gemacht. Sie wollen sich selbst ein Bild von dem machen, was geschehen ist. Neues in der Fremde zu vermuten, das ist nicht selbstverständlich. Großes im Kleinen zu entdecken, das geschieht eher selten. Dazu helfen manchmal weder Strategie noch Masterplan.

Diese Botschaft ist in Stein gehauen: Die Anbetung der Könige in Autun ermutigt zum Staunen vor dem Kind in der Krippe und dazu, bislang Undenkbares ernst zu nehmen. Das begründet eine Haltung des Gebetes.

Christian Lehnert

Sieht, was niemand sehen kann / sieht der Mensch die Gottheit an

I

Dämmerschein, das Licht ist gefangen, hier wimmeln die Schnacken,
glimmendes Öl im Glas, Schatten durchlöchern den Stein,
Höhlengeruch, ein Tunnel führt mich, wie blind, vor die Bilder …

… die Wand aus Bildern. Ich stand davor, war abgeschieden in die Welt *davor*, und dahinter war es hell. Dichte Weihrauchschwaden wehten über die Ikonen. Dort, *dahinter* im Hellen, feierten die Mönche die Göttliche Liturgie – wie seit 1700 Jahren jeden Tag, so hatte ich gelesen, nie unterbrochen, hier im Katharinenkloster auf dem Sinai. Es war keine Gemeinde da in der nächtlichen Frühe, nur ich, der ich augenscheinlich nicht zählte … Der Diakon las, ohne Notiz von mir zu nehmen, aus der Schrift; die einsamen griechischen Worte hallten in der Basilika …

Zurück im Vorraum, im Nartex, trat ich näher zu den Ikonen. Sie hingen überall an den Mauern, wahllos, ohne erkennbare Ordnung oder Ausrichtung. Die Augen gerieten in einen Sog, wurden stillgestellt von den Bildern. Auf eines, direkt vor mir, fiel der Schein einer Lampe, und ich sah: … die Weihnachtsgeschichte.

Klar zu erkennen, lag Maria mit dem Kind vor einer Höhle. Etwas tiefer folgten Szenen aus der Kindheit Jesu, so die Flucht der jungen Familie nach Ägypten, auf Geheiß eines Engels – die Zeit sickerte nach unten weg bis zu dem grausamen Kindermord in Bethlehem. Aber das, was mich eigentlich bannte, war nicht so konkret zu benennen. Es hatte mit dem Licht zu tun. Die Ikone war zwar beleuchtet, aber sie war es doch selbst, die ihre eigene Helligkeit schuf. In dem, was gemalt war, gab es keine bestimmte Lichtquelle, man sah keine Schatten, und alles Dargestellte war allseits hell. Von hinten, von vorn, von oben, von innen kam das Licht. Und so hatte das Bild keinen Hintergrund, keinen Raum. Es hätte genauso gut ein Glas sein können, durch das von draußen das erste Tageslicht fiel. Ich sah die Ikone nicht als ein angestrahltes Objekt vor Augen, sondern sie zeigte sich mir in *ihrem* Licht. Ein Lidschlag, und ich dachte: Diese Ikone bedeutet nicht nur Weihnachten, sondern *ist* Weihnachten. Das Licht kommt in die Welt, und so erst kann ich sehen. Gott wird geboren, das heißt ganz einfach: Es wird hell.

II

Nun, gebeugt über eine Reproduktion und geleitet von der Erinnerung, sehe ich noch mehr: In der oberen Mitte der Ikone, geborgen im Halbrund des Rahmens, ist es dunkel. Eine Höhle, ein Loch. Wie die Pupille in einem Auge – es ist, als schaute mich die Ikone an. Das in Tücher gewickelte Kind schwebt dort in einem gemauerten

Geburt und Kindheit Jesu, 11. Jahrhundert
Katharinenkloster, Sinai

Futtertrog wie in einer Gondel über einem Abgrund. Die Bettstatt hat keinen Halt im Bild, wird von nichts getragen.

Ein griechischer Mönch erzählte mir einmal von einer besonderen Art der Meditation: Man schaut im Spiegel lange eine der Pupillen an, und darin wiederum die Spiegelung des eigenen Bildes. Kopf und Körper erscheinen wie ein winziges Wesen in dem schwarzen Rund. Darin, sagte er, sei die Wahrheit des eigenen Daseins zu sehen, das Ich-Selbst als schwimmender Reflex vor dem Grund des eigenen Auges. In diesem winzigen Bild sei die Ähnlichkeit des Menschen mit Gott verborgen. Die kleine Spiegelung erscheint wie ein Funke, ein Lichtschein – und du bist es doch selbst, sagte er. Meditierend siehst du hier deine wahre Gestalt.

Die Ikone zeigt in der Höhlenpupille einen Menschen: das neugeborene Kind. Tiere beugen sich darüber, auch sie schweben im Schwarz, als seien sie eben erst erschaffen, namenlose Träume noch. Ihr ganzes Dasein ist das großäugige Schauen auf den Säugling.

Wer ist dieses Kind? Gott, geboren in mir – als die Wahrheit meiner selbst? Ist die Ikone ein Spiegel, der aber nicht meine Wirklichkeit zeigt, sondern eine Bestimmung? Heilung und Hoffnung? So wie Paulus schrieb, dass in uns ein göttlicher Lichtschein sei? Von demselben Licht wie am Anfang der Welt, am Anfang des Tages: »Denn Gott, der sprach: Licht soll aus der Finsternis hervorleuchten, der hat einen hellen Schein in unsere Herzen gegeben, dass durch uns entstünde die Erleuchtung zur Erkenntnis der Herrlichkeit Gottes in dem Angesicht Jesu Christi« (2. Korinther 4, 6)?

Gemalt ist eine Geschichte, die Weihnachtsgeschichte, aber nun nicht vordergründig als Verweis, nicht als »objektive« Erzählung von »etwas«, sondern sie wird wahr in dem Augenblick, wenn die Ikone in der Seele zündet, wenn sie aufscheint. Dann ist Weihnachten. So ist das mit den Glaubensdingen. Sie sind nicht handhabbar, man kann sie nicht irgendwoher ableiten, sie sind nicht begründet, ja nicht einmal *einfach so da* – sie geschehen, und ihr Echo in der Vergangenheit ist tief, eine Heilsgeschichte: Gott wird als Mensch geboren. Jetzt, in diesem Augenblick, im Betrachter: Denn er sieht.

III

Ich fand ein Liedfragment, altertümliche Kyrieleis-Strophen, vermutlich irgendwo aus dem südlichen Sachsen, schwer zu datieren. Sie bringen das Ineinander von Höhlendunkel und Sichtbarkeit in eine mystische Sprachform. Im Dunkel, bei den Hirten draußen auf dem Feld, öffnet sich der Himmel, und es bricht, nachts, eine Wurzel auf – ein Spross wächst, wie es im Buch Jesaja heißt, aus dem königlichen »Stamm Isais«, gemeint ist der Messias.

In der Nacht, dann, wenn nichts sichtbar ist – dann erst kann der Mensch sehen. Sehen, was er nicht schon weiß und womit er nichts anfangen kann. Sehen, was er nicht selbst schon ist … Aber werden soll, verwandelt im weihnachtlichen Erscheinen: Bild Gottes.

Kälter dräut die Nacht im Tal /
Eschen stehen schwarz und kahl /
Kyrieleis / Nachts ergrünt das Reis.

Tiere ducken sich ins Holz /
verloren ist der Hüter Stolz /
Kyrieleis / Nachts ergrünt das Reis.

War im Dunkel kein Gesicht /
doch sammelt sich ein fremdes Licht /
Kyrieleis / Nachts ergrünt das Reis.

Sieht, was niemand sehen kann /
sieht der Mensch die Gottheit an /
Kyrieleis / Nachts ergrünt das Reis.

Patrick Roth

Ein Traum wird wahr

In einem Traum, der mir 2006 gekommen war, sah ich die Milchstraße diagonal durch mein Blickfeld, den Nachthimmel, fließen: Gelassen und leise bewegt, ergoss sie sich glänzend erdwärts herab …

Wie lange die Sicht anhielt, weiß ich nicht mehr. Einerseits verging die Zeit – ich sah sie ja »fließen« –, andererseits stand alles still, staunenden Auges in mir.

Als ich erwachte, konnte ich's mir nicht deuten, dieses rätselhaft einzige, kosmische Traumbild. Unwillkürlich fuhr ich es immer wieder nach, gedankenlang, machte mir einige Skizzen dazu und hielt im Tagebuch fest:

TRAUM: Milchstraße fließend vom Nachthimmel, ca. 40 Grad abschüssig-erdwärts geneigt. Euphorisierender, fixierender Anblick, awe-inspiring.

Ich suchte, ob der Traum mit meiner derzeitigen Situation in Verbindung zu bringen wäre. Monate zuvor war *Lichternacht* erschienen, eine Weihnachtsgeschichte, die im New York der siebziger Jahre spielt. Die Arbeit an diesem Stoff – es ging um einen Mann namens Joe Travers, eine moderne Josephsfigur – hielt ich für abgeschlossen. Allerdings hatte ich nur vage Vorstellungen, wie es weitergehen sollte, war also gleichsam »in between jobs«.

Wenn es um einen neuen Stoff geht, ein neues Buch, warte ich eigentlich immer auf einen Traum. Auf einen oder mehrere Träume, die einschlagen, dann nicht mehr von der Hand zu weisen sind, mich verfolgen. Verfolgen, auch weil ich sie mit-verfolge, bis langsam ein Sinn-Faden erkennbar wird, der sich hinzieht durch sie und gesammelt-behütet, sachtsam amplifiziert, extrahiert, dramatisiert und schließlich auserzählt sein will.

Mein Traum von der Milchstraße war zwar tief beeindruckend gewesen, sein archetypisches Bild enthielt aber keinerlei zusätzliche persönliche Details. Bezog sich der Traum überhaupt auf meine Arbeit, ein nächstes Projekt?

Ich glaube, es war nur wenige Wochen darauf – ich war gerade in Deutschland zu Besuch, blätterte in einer Frankfurter Zeitung –, da hielt ich über einer Abbildung. Das heißt, ich *wurde* gehalten. Es war der markante Neigungswinkel jener Milchstraße, der mir schlagartig auffiel, die Erinnerung anstach, den Traum wieder fließen ließ.

Ich begann, im Artikel zu lesen. Die Rede war von einem mir unbekannten Frankfurter Maler des frühen 17. Jahrhunderts, der nach Rom ausgewandert und mit 32 Jahren verstorben war: Adam Elsheimer. Es hieß, die Milchstraße auf seinem Gemälde sei – zum ersten Mal in der Geschichte der Kunst – astronomisch korrekt wiedergegeben, tausende Sterne, dem bloßen Auge sonst nicht unterscheidbar, seien akribisch darin verzeichnet. Elsheimer müsse das Ganze nach Beobachtungen durch eines der ersten Fernrohre gemalt haben. Die Konstellationen am römischen Nachthimmel, der Neigungsgrad der Milchstraße ließen auch eine genauere Datierung des Bildes zu.

Sommer 1609.

Adam Elsheimer, Die Flucht nach Ägypten, 1609

Rund 400 Jahre vor meinem Traum …

Jetzt sah ich wieder zum Bild hinüber. Was war hier dargestellt? Und erkannte erst Augenblicke später, wer da bildmittig unterm geneigten Flügel des Himmelbands stillstehend durchzog. Joseph war das, im roten Mantel, zum Kind hin geneigt, Maria zwischen den beiden. *Die Flucht nach Ägypten* nannte Elsheimer sein Bild.

Und plötzlich war ich umstellt. Stand zwischen dem Bild meines nächtlichen Traums, jenem inneren Himmel, und dem Bild Elsheimers, diesem äußeren Himmel, dem so objektiv dargestellten nächtlichen Firmament. Eine Synchronizität, könnte man sagen. Denn hier fand ich zwei kausal *un*verbundene Fakten, meinen Traum und das Auftauchen des Elsheimerschen Bilds, richtungweisend verbunden – durch Sinn. Worin bestand der? Mir wurde bewusst, dass der Joseph-Stoff, den ich mit *Lichternacht* längst abgeschlossen glaubte, nun abermals konstelliert war. Nur dass die Erzählbewegung diesmal tiefer hinabgehen sollte, den Zeitenbrunnen bis auf archetypisch-mythische Schichten hinab. Denn mit dem ägyptischen Motiv Elsheimers war nicht nur der neutestamentliche Joseph angesprochen – einem Traum folgend flieht er vor Herodes mit der Familie nach Ägypten –, sondern, noch tiefer hinab, auch der alttestamentliche Joseph, der in Ägypten zu Ehren kam, als er die Träume des Pharao zu deuten wusste. Beide verstanden sich also auf Träume, beider Leben wurde durch Träume entscheidend bestimmt.

Schon bei der ersten Betrachtung von Elsheimers Bild entzündeten sich Phantasien über mögliche Bedeutungen einzelner Details, die mir rätselhaft schienen. Ich kann hier nur ein paar Beispiele nennen: Im undurchdringlichen Dunkel der Waldkuppe über der Heiligen Familie ist eine einzige Gabelung zu erkennen, durch die hin ein Stern am Nachthimmel zu sehen ist, ein brennendes Licht, wie eine Fackel im Innern, wo sich Himmel und Erde berühren – »und die Finsternis hat's nicht ergriffen« (Joh 1,5). – Das Feuer der Hirten, das sich in die Nacht hinauftürmt, erinnert mich an die Feuersäule, in der Jahwe beim Auszug aus Ägypten dem Volk durch die nächtliche Wüste voranging. – Elsheimers Joseph geht seinem Esel hinterher, als wisse das Tier instinktiv, wohin es geht, Bileams Eselin gleich, die göttlich-unsichtbar Richtungweisendes zu sehen vermochte. – Das ganze Bild scheint mir mit alchemistisch-kosmogonischen Anspielungen durchwoben, nicht zuletzt in seiner Symmetrie, die an die Sätze der Tabula Smaragdina bzw. der Memphitischen Tafel erinnert (die Alchemie galt als »Kunst der Ägypter«; auch Philipp Uffenbach, dessen Schüler Elsheimer war, befasste sich noch mit ihr): *Himmel oben, Himmel unten / Sterne oben, Sterne unten / Alles, was oben, ist auch unten.* Denn es geht ja um die Rettung des jüngst herabgekommenen, inkarnierten neuen Lichts, dem Auslöschung droht und das, wie Israel, im Land der Schwarzerde geborgen, nährende Rettung erfahren soll.

Hier zeichnet der heilige Mythos auch die Anfangsgeschichte jeder neuen Ahnung in uns, jeder neuen Idee, jeder flüchtigen Inspiration, jedes geheim-geborenen neuen Lichts in jedem von uns. Denn immer, das heißt »aber schon jetzt«, droht solchem Licht Auslöschung durch die Welt. Durch die tausend Dinge unseres Alltags, die es niederbrüllen. Durch die herrschende Meinung, die sich stets, wie Herodes in seiner Macht, vom individuell

Neuen bedroht fühlt. Und die immer bis auf den Tod verfolgt, was Individuum – neues Licht – werden will. Daher muss unser Eigenstes (das ist aber das Fremde), weil es ein Licht ist, das wir selbst kaum erkannt haben, so schüchtern, so neugeboren-verletzlich läßt es sich an, zunächst ins Asyl unserer Innenwelt hineingeborgen werden. Das neue Licht muss gleichsam im Ägypten jedes Einzelnen von uns Zuflucht finden, bis es der Welt reift. »Joseph« – der auf die Bilder des Inneren hört und ihre Weisung zu deuten vermag – wäre der Name für etwas in unserer Psyche, in allen von uns, für eine rettende Einstellung zum neuen Licht, das, kaum geboren, immer in Todesgefahr schwebt. »Joseph« wäre der Name für jeden, der sein Gefühl nicht tötet, seine Träume nicht verdrängt, seine Seele nicht verstößt, sondern sie annimmt – sie ist »Maria«. Dadurch wird Joseph, der Mensch, zum Retter des Retters, *redemptor redemptoris*, Erlöser unseres Erlösers.

Auch was diese Gedanken angeht, war die Begegnung mit Elsheimers Bild auch insofern rettend für mich gewesen. Und »zwingend«, schicksalhaft, könnte ich sagen, wie man von »Sternenzwang« spricht. Jedenfalls begannen damals sechs lange Jahre Arbeit an *Sunrise – Das Buch Joseph*.

Als man mich während der Fertigstellung des Buchs nach einer Idee für den Einband fragte, habe ich mir – in Erinnerung an den auslösenden Traum – Elsheimers Bild gewünscht. »Und so geschah's.« *Dreams do come true.*

Gertrud Leutenegger

Ruhe auf der Flucht

Nur einen Spalt öffnet sich die Tür des von Kerzenglanz erfüllten Raums, wenn wir im dunklen Esszimmer endlich aufspringen und zum Christbaum eilen dürfen. Der erste hereinfallende Lichtschein holt an der Wand hinter uns das Ölgemälde aus der Schwärze hervor und beleuchtet eine Szenerie, als sei diese das eigentliche Weihnachtsgeschehen: Die Ruhe auf der Flucht nach Ägypten. In diesem Augenblick achten wir nicht darauf. Strahlt nicht eben erst der Stern über Bethlehem, wird ein Kind geboren und den Hirten auf dem Feld eine grosse Freude verkündet?

So rasch brennen die Kerzen des Friedens nieder. Noch hängt ein Duft von Weihrauch und Myrrhe über dem Stall der Geburt, die Spur der Weisen verliert sich im Morgenland, und ein Engel befiehlt Josef im Traum, in der Nacht nach Ägypten zu fliehen. Herodes will das Kind töten. Ob Josef hinter den Hügeln das Wehgeschrei der Mütter noch hört, deren Neugeborene von den Schergen des Herodes ermordet werden? Selbst als dieser gestorben ist, wird Josef nicht wagen, nach Judäa heimzukehren, und die Flucht treibt ihn weiter bis nach Galiläa. Auch unserem Ölgemälde ist das Nomadendasein eingeschrieben. Aus dem Pfarrhof meines Onkels, der es zur Zeit des Weltkriegs einem geflüchteten Maler aus Italien abgekauft hatte, wanderte es zur Hochzeit meiner Mutter in unser Esszimmer. Und etwas an ihm blieb in Bewegung. Der kleine Apfel dort in der Ecke, wird er nicht gleich aus dem Bild rollen? Während ausgedehnter Festtagsessen fixierte ich ihn, um ihn zum Stillstand zu bringen. Gewiss ist der Apfel, schon ziemlich bräunlich verfärbt von der ägyptischen Wärme, der letzte Proviant der Heiligen Familie. Warum denkt die Muttergottes in ihrem Leichtsinn nicht daran, ihn mit ihrem robusten nackten Fuss aufzuhalten? Sie ist vollkommen in den Anblick ihres Kindes versunken, sie hat erhitzte Wangen, auch unter dem grünen Abendhimmel ist es nicht frischer geworden, das Jesuskind hat sich frei gestrampelt und hält wie alle Kinder der Welt seine Mutter am Kinn in inniger Zwiesprache.

Wenigstens stellt der Esel wachsam seine Ohren auf. Denn nicht nur der Apfel, sondern auch das Buch ist aus dem Weidenkorb, der unserem Kartoffelkorb im Keller merkwürdig ähnlich ist, herausgefallen, das Buch der Verheissungen, von dem Maria sonst auf den Verkündigungsbildern erschreckt aufschaut. Aber jetzt hat die Zeit sich erfüllt. Und im Schatten einer Pinie, das liess sich der italienische Maler nicht nehmen, herrscht ein glückseliger Augenblick der Rast. Doch lauert hinter der Pyramide, die offensichtlich nicht vollendet ist, keine Gefahr? Diese Pyramide gleicht zu sehr dem Berg über unserem Talkessel. Von dort her brechen die gefürchtetsten Gewitter los. Mitternacht ist vorüber, Blitze fahren durch die Dunkelheit, die Mutter besteht darauf, dass wir uns ankleiden, und versammelt uns vor der Heiligen Familie auf der Flucht.

Bild eines italienischen Malers (Name unbekannt)

Halblaut beginnt sie das alte Gebet, unter deinen Schutz und Schirm fliehen wir, o heilige Gottesgebärerin; es gilt nicht, den krachenden Donner zu übertönen, nur um Abwendung des Blitzeinschlags zu bitten. Und so achtlos, wie wir am Weihnachtstag an dem Ölgemälde, das jeweils durch den ersten Lichteinfall gespenstisch erhellt wird, vorbeistürmen, so angstvoll intensiv heften wir nun unseren Blick darauf. Wenn auch verschont von Morddrohung und Vertreibung, erfasst uns in diesen Gewitternächten eine Ahnung: Wie selten ist Weihnachten. Flucht ist immer.

Hans-Ulrich Treichel

Das selbstleuchtende Kind

Mein Elternhaus war kein besonders kunstsinniges. Was nicht so sehr an mangelndem Interesse, sondern an den Umständen lag: In einem Haushalt mit angeschlossenem Ladengeschäft, in dem mit Tabakwaren, Zeitungen, Zeitschriften, Süßwaren, Schreibwaren, Getränken und anderem gehandelt wurde, war wenig Platz für Kunst und wenig Zeit für die entsprechenden Mußestunden, um sich mit Kunst zu beschäftigen. Insofern beschränkte sich die Kunst im Haus auf eine kleine Sammlung von Kunstdrucken oder dekorativen Genrebildern, die es so oder ähnlich wohl auch in unserer Nachbarschaft gab. Dazu gehörten ein golden gerahmtes Schutzengelbild, auf dem ein Engel zwei Kinder über einen schmalen Gebirgspfad führte, außerdem Dürers »Betende Hände«, ein sonnendurchschienener Birkenwald, das einzige »Originalgemälde«, mit auffälliger Signatur des Künstlers, und nicht zuletzt ein Weihnachtsbild, welches in einem Raum hing, der sich »das kleine Büro« nannte. Da in diesem Raum nur Geschäftsunterlagen gelagert wurden und der Schreibtisch unbenutzt war, konnte ich hier ungestört von meinen Geschwistern und dem elterlichen Betrieb meine Schularbeiten machen.

Schularbeiten sind anstrengend, und wenn ich nicht das Transistorradio anstellte, um mir eine Pause zu gönnen, dann betrachtete ich den Kunstdruck. Eine farbige Reproduktion des Bildes »Anbetung der Hirten« von Gerard van Honthorst aus dem Jahr 1662. Mit der Weihnachtsgeschichte kannte ich mich aus, die hatte ich viele Male gehört, wir waren schließlich regelmäßige Kirchgänger, insofern löste das Bild mit Josef, Maria, dem Kind in der Krippe und den Hirten keinen speziellen Interpretationsbedarf bei mir aus. Ich wusste, was an Heiligabend im Stall zu Bethlehem geschehen war. Allenfalls die Tatsache, dass auf dem Bild der Esel fehlte, irritierte mich, denn Ochs und Esel gehörten doch immer dazu und waren für den kindlichen Betrachter der Weihnachtsszene interessanter gewesen als das ganze restliche Krippengeschehen. Sigmund Freud hat einmal geschrieben, dass es für den Psychoanalytiker in den Äußerungen seiner Patienten nichts Kleines, nichts Willkürliches und Zufälliges gibt. Gleiches gilt möglicherweise auch für Kinder, die die Welt nach anderen Kategorien sortieren als die Erwachsenen und oftmals über die kleinsten Dinge ins Staunen geraten – und dabei die Hauptsachen vernachlässigen oder gar übersehen.

Wobei mich beim Betrachten des Honthorst-Bildes nicht nur der Ochse als solcher faszinierte, sondern vor allem die Tatsache, mit welch lässiger und entspannter Geste Josef seine gefalteten Hände auf die Stirn des Ochsen gelegt hatte. Mitten zwischen die Hörner. Von mir aus hätte das Bild mit gutem Recht »Josef legt seine gefalteten Hände auf die Stirn des Ochsen« heißen können, auch wenn die eigentliche Sensation des Bildes natürlich das Kind

Gerard van Honthorst, Anbetung der Hirten, 1622

war. Das freilich war so blendend und überirdisch hell gemalt, dass ich es gar nicht glauben wollte. Konnte es so etwas geben, so ein leuchtendes Kind? Und das mitten in der Nacht und in einem dunklen Stall und ohne dass irgendwo eine Laterne oder eine andere Lichtquelle zu entdecken war. Für mich erst einmal nicht. Sooft ich das Bild auch betrachtete, so sehr war ich zugleich fasziniert als auch ratlos. Kinder können mit Säuglingen nicht allzu viel anfangen. Auch wenn diese noch so hell leuchten.

Der Strahlkraft dieses heiligen Kindes sollte ich mich erst in reiferen Jahren widmen, als ich mich belesen und ein wenig kundig gemacht hatte über den Mythos des göttlichen Kindes und das christliche Symbol des Lichts, das offenbar auf antike Licht- und Sonnenkulte zurückgeht. Man denke nur an den griechischen Sonnengott Helios oder den römischen Sol Invictus, als dessen Geburtstag der 25. Dezember galt. Auch das Kind in der Krippe auf Honthorsts Bild war eine Art Sonnen- und Lichtgott. Nackt und winzig, aber, auf lange Sicht gesehen, unbesiegbar und triumphierend. Es verkörperte zugleich die Jesusworte aus dem Johannesevangelium, wo es heißt: »Ich bin das Licht der Welt« (Joh. 8.12) oder auch »Ich bin in die Welt gekommen als ein Licht …« (Joh. 12, 46)

Bildnerische Darstellungen der Heiligen Familie mit dem Kind in der Krippe gibt es viele. Aber nicht immer besitzt das Kind diese ungewöhnliche Leuchtkraft. Die Kunsthistoriker, die sich dem Motiv des Jesuskindes in der Krippe gewidmet haben, unterscheiden hierbei zwischen einem beleuchteten und einem selbstleuchtenden Jesuskind. Honthorsts Jesuskind ist ohne Zweifel selbstleuchtend – und beleuchtend zudem. Es ist die primäre und einzige Lichtquelle, die zugleich alle anderen erhellt: die Hirten, Josef, den Ochsen und natürlich Maria. Vor allem Maria. Die Strahlkraft des Kindes erhellt die Figur und das Antlitz Marias so sehr, dass man einen Widerschein zu erkennen glaubt, der zurückleuchtet auf das Kind. Als ob das Kind das heilige Leuchten sowohl seiner Göttlichkeit als auch seiner vom Mutterglück beseelten Mutter verdankt.

Neben den Krippenbildern haben sich die Maler immer wieder auch dem Motiv »Madonna mit Kind« gewidmet. Auf jeweils unterschiedliche Weise, doch oft genug mit einer Mutter, deren Gesichtszüge wenn nicht Traurigkeit, so doch eine wissende Melancholie aufweisen, als ahne sie bereits das Schicksal ihres Kindes, den Kreuzestod, voraus. Von alledem ist auf Honthorsts Bild nichts zu bemerken. Es ist uneingeschränkt jubilatorisch. Ein wenig ungerührt scheint allenfalls der Ochse zu sein. Ungerührt, aber sanftmütig. Wohlwollend interessiert, ohne geblendet zu sein, blickt er auf die Szene. Was vielleicht nicht die schlechteste Haltung ist, wenn das Licht religiöser Erlösungsversprechen allzu hell in die Welt strahlt. Ich jedenfalls habe nicht nur über viele Jahre hinweg immer wieder fasziniert Honthorsts Jesuskind bestaunt, sondern auch einiges von dem Ochsen gelernt.

Paul Klee, Christkind mit Weihnachtsbaum und Eisenbahn, 1884

Peter Härtling

Paul und der Weihnachtsengel

Eine Kinderzeichnung, ein Krixelkraxel, wie wir viele kennen, manchmal aufheben, denn sie sollen uns an unsere Kinder erinnern, an unsere Enkel. Doch dieses Bildchen – Weihnachtsbaum mit Engel – steht am Anfang einer Reihe unsterblicher Bilder, ist auf unvergleichliche Weise ein Entwurf. Und er stimmt, denn er führt weiter, weist voraus. Der Künstler ist fünf Jahre alt, seine kunstsinnigen Eltern freuen sich, wie er sich zeichnend auf das Weihnachtsfest vorbereitet. Selbstverständlich muss der Weihnachtsbaum das Zentrum des Blatts einnehmen und das Christkind oder Weihnachtsengel dazu. Dieses festliche Wesen setzt der Künstler in Bewegung: es scheint aufzubrechen, nein: zu fliehen. Vor dem Fest, das es vorbereitet hat oder vor jenen, die es feiern werden. Dieser junge Künstler heißt Paul Klee, sein Vater ist Musiklehrer und wird gleich auf seiner Geige Weihnachtslieder spielen. Sie wohnen in der Nähe von Bern, in der Schweiz. Er malt nicht das Jesuskind in der Krippe – vielleicht, weil zu viel Personal aufs Blatt müsste, von Maria und Josef bis zu den Hirten und Königen, Ochs und Esel. Er findet ein Kürzel, wie er es auch später tut. Er erinnert – was heißt schon erinnern bei einem Fünfjährigen – sich an ein Weihnachtslied und findet dafür ein Bild: »Alle Jahre wieder kommt das Christuskind auf die Erde nieder, wo wir Menschen sind.« Das Christuskind kann, wenn es auf die Erde nieder kommt, nur ein Engel sein. Es hat, es ist anzunehmen, Gaben gebracht und den Baum geschmückt und macht sich schon auf und davon. Pauls Zeichnung ist anzumerken, dass er den Besuch des Engels am liebsten erlebt hätte. So zeichnet er eine Wirklichkeit, die er sich wünscht und die er allen, die das Blatt zu Gesicht bekommen, schenkt. Das Christkind ist der erste Engel im Werk Paul Klees. Er ist in Eile, wendet sich ab. Er hat, für das Kind, seine Aufgabe erfüllt. Doch fünfunddreißig Jahre später, zeigt er sich uns, die Flügel ausgebreitet, als der »Engel der Geschichte«.

Ich kann die Zeichnung des Kindes nicht anders sehen, als dass, wie ein Wasserzeichen im Papier, das Gemälde von 1922 durchscheint: Die Katastrophe hinter dem Kinderglauben, die Erschütterung, die der Arglosigkeit folgt. So erzählt Klee doch die Geschichte des Jesuskindes weiter, von Engel zu Engel.

Wilhelm Schmid

Die Krippe meines Vaters

Einmal im Jahr sitze ich vor diesem Bild, immer am Morgen des Heiligen Abends. Eigentlich ist es eine Skulptur. Mit den Kindern baue ich die Krippe auf, die mein Vater uns hinterlassen hat. Er hat sie selbst geschnitzt, eine Reminiszenz an die andere Krippe, vor der meine Geschwister und ich in der Kindheitszeit immer an Weihnachten saßen. Das Bild, das ich jetzt geistig vor Augen habe, zeigt diese andere Krippe. Ich rieche wieder den Duft von trockenem Moos und grün eingefärbtem Sägemehl. Auf einem aus Gips geformten felsigen Berg thront der Stall von Bethlehem. Vorsichtig ordne ich in Gedanken wieder die Ziegen und Schafe im Vordergrund. Über mir wölbt sich ein Sternenhimmel, den ein Komet durchquert.

Auch diese Kindheitskrippe hat mein Vater selbst geschnitzt. Nicht die Figuren, die hat er nur farblich »gefasst«, damit sie nicht zu bunt werden, er liebte die Nuancen. Aber alles sonst hat er aus Holz geschnitten und selbst gebaut, die Krippe ist der Mittelpunkt eines ganzen Schaukastens mit gemalter nächtlicher Landschaft von Bethlehem auf den Innenseiten. Als Kinder saßen wir staunend davor. Mein Vater war ein Künstler, immer voller Kreativität, die ihm vermutlich sein Großvater mütterlicherseits vererbt hatte, ein Stukkateur, der Kirchen mit Ornamenten aus Gips schmückte. Beruflich war mein Vater aber ein einfacher Landwirt, der gemeinsam mit unserer Mutter, die er sehr liebte, die Felder bestellte, das Vieh umsorgte und sechs Kinder großzog, eine lebensfüllende Tätigkeit, heute Stress genannt.

Das erste Kind war schon geboren, da erhielt er die Einberufung zum Kriegsdienst. Hitler hatte Frankreich überfallen und brauchte nun auch diejenigen, die zunächst vom Kriegsdienst befreit waren. Mein Vater war kein Krieger. Er war ein Philosoph. Eine Universität hat er nie von innen gesehen. Seine Universität war die Natur, waren Tiere, Pflanzen, Wiesen, Äcker, Wälder. Das bayerisch-katholische Milieu, dem er entstammte, war kein guter Nährboden für faschistische Ideen, das haben historische Studien aufgezeigt. Aber Widerstand hätte Konzentrationslager bedeutet. Hätte ich selbst in dieser Situation Widerstand geleistet? Mein Vater kam zum Einsatz in einer Nachschubeinheit in Peyrehorade, Biarritz, Libourne, Saint-Émilion. Seine Waffe kam nie zum Einsatz, wie er mir glaubhaft versicherte.

Warum erzähle ich das? Weil die Idee zu dieser Krippe aus der Erfahrung des Krieges hervorging. Mein Vater war in Südwestfrankreich stationiert und machte einen Ausflug nach Lourdes, dem Pilgerort, von dort stammen die Bonsai-Bäumchen, die eine karge Vegetation auf dem Gipsberg in seinem Schaukasten darstellen. Er betete, um wieder lebend nach Hause zu kommen, wo längst das zweite

(Selbstgebaute) Krippe von Wilhelm Schmids Vater

Kind der jungen Eheleute geboren war, und als er tatsächlich den Krieg überlebte, wollte er aus tiefstem Herzen dafür danken: Das symbolisiert die Krippe, die er Jahr für Jahr mit großem Aufwand aufstellte, wir Kinder immer mit dabei. Die Mehrzahl meiner Geschwister und mich gibt es nur, weil es diese Krippe gibt. Der Bruder meines Vaters, Wilhelm, ein erklärter Kriegsgegner, hatte dieses Glück der Rückkehr nicht. Er fiel in der Nähe von Warschau und hinterließ eine Frau und zwei Kinder. Als ich geboren wurde, war für meine Eltern klar, dass ich seinen Namen tragen sollte.

Viele Söhne haben sich Jahrzehnte nach dem Zweiten Weltkrieg darüber beklagt, dass ihre Väter nichts erzählen. Mein Vater hat mir sehr viel erzählt. Im Krieg lernte er Frankreich kennen und lieben, und er gab mir diese Liebe weiter. Als ich zu reisen begann, stand fest: Ich will Frankreich kennenlernen. Es war eine enorme Freude für ihn, als ich gemeinsam mit meiner Freundin, die später meine Frau wurde, alle »seine« Orte in Südwestfrankreich aufsuchte. Tränen standen ihm in den Augen, als er das Fotobuch durchblätterte, das ich ihm mitbrachte. Für den Kriegsaufenthalt in Frankreich hatte er ein einziges Mal in seinem Leben sein Dorf verlassen, die Erfahrung grub sich tief in ihn ein und ließ ihn nie mehr los.

Kreativität war seine Art von Religiosität. Vor seinem Tod schnitzte er für jedes seiner sechs Kinder eine solche Krippe, jede auf etwas andere Weise. Als er das Werkzeug aus der Hand legte, starb er, 84 Jahre alt. Der Pfarrer hatte ihn noch trösten wollen und ihm gesagt, er werde sicherlich wieder auf die Beine kommen. Mein Vater aber zeigte nach oben: Dorthin gehe er jetzt. Kosmos und Gott, das machte für ihn keinen Unterschied. In jedem seiner Kinder sah er ein Geschenk des Himmels, er behandelte jedes so, als wäre es das Kind in der Krippe. Das war eine so starke Ausstattung für das ganze Leben, dass ich ihm dafür innig danke bis heute. Mein liebstes Weihnachtsbild ist eine endlose Kraftquelle.

Ulrike Draesner mit ihrer Großmutter

Ulrike Draesner

Der Lebensfaden

Meine schlesische Großmutter, die Mutter meines Vaters, kommt in meinem letzten Roman vor. In der Wirklichkeit, die Schreiben heißt, ist diese Figur erfunden, aber um sie zu erfinden, dachte ich häufig an meine wirkliche Großmutter, Käthe Draesner, geboren am 26.12.1893, und stellte mich unter ihren Schutz. Das Foto, auf das ich zufällig in einem Album meiner Mutter stieß, traf mich nahezu körperlich.

Omas Aura, Stimme, Geruch – da waren sie. Und diese längst vergessene Brosche! Ehe ich mich versah, spaltete sich unter meiner 53-jährigen Hand (so viel älter als die abgebildete Kinderhand, jünger als die Großmutterhand) die Zeit. Mein Omakennen als Mädchen und mein Blick heute (schau, da sitzt auch die ewige Oma-Handtasche, der Schatten rechts im Bild; und schau nur: das Haarnetz – meine Güte, dieses Haar war ja wirklich unfasslich dünn) umschlossen mich, gleichermaßen stark, gleichermaßen präsent: Damals und Jetzt.

Weihnachten ist ein Fest der Zeit; manchmal, in besonderen Augenblicken, wird es zu einem Fest über der Zeit. Sein Datum, die winterliche Sonnenwende, weist ebenso auf Werden und Vergehen wie die Geburt des Gottessohnes, dessen Leben uns Erlösung vom Tod verspricht. Das Schimmern und Vibrieren dieser Aufhebung aller Zeit geben Weihnachten seinen spezifischen Glanz.

Als nahezu körperlicher Schlag schien (und scheint) er mir aus dem Foto entgegen.

Menschen, die man von klein auf kennt, kennt man auf besondere Weise. Unmittelbar werden diese Grundmenschen wahrgenommen und für immer im Gedächtnis gespeichert: man nimmt die spezifische Dichte ihrer Körper, ja ihres Da-Seins, in sich auf. An Gerüche und Getragensein erinnere ich mich (und wie jeder Mensch einen anderen auf andere Weise trägt).

Oma Käthe war weich. Ein Stück kleiner als Mutter – im Stehen und im Sitzen näher bei mir. Ihr stets etwas feuchter Mund, die gepuderte Haut. Brosche, blickdichte Strümpfe, große Ohren. Und die Hände.

Die wollten beschäftigt sein, zogen Stoff magisch an. Oma setzte sich; ich fädelte ihr ein. Sie begann ihre Arbeit, ich sah zu. Manchmal dauerte es ein paar Minuten, manchmal ging es rascher, doch dann kam sie, die besondere Stille, die beim Sticken oder Häkeln um Omas Finger floss. Sich über die Hände breitete.

Von den Händen hinauf in Käthes bebrilltes Gesicht schien. Von dort wieder hinunter auf den Stoff.

Die Stille war ein helles Licht.

Blieb ich dabei sitzen, schien es auch auf mich.

Weihnachten 1971. Ich bin neun Jahre alt. Oma wird 78. Sie ist auf dem Bild jünger als meine Mutter heute. Heute sehe ich das. Sehe: Omas Gewebe mögen nachgiebig gewesen sein. Ihre Arbeiten waren sehr genau. Minutiös. Sie dehnen sich weit durch die Zeit.

Der zweite Feiertag. Ich bin festlich gekleidet. Das hellblaue Kleid, die Frisur mit Schleife, die beige Strumpfhose (an deren Kratzen ich mich erinnere). Das Sofa meiner Eltern. Ersetzt durch ein nahezu identisches, steht es noch vor derselben Wand. Und ein zweifaches Weihnachtsbild. Am 26.12. feierte Käthe ihren Geburtstag. Jedes Jahr vermisse ich ihn: alles hing weihnachtsfertig in den Sesseln, da begann das nächste Fest. Familienbefreite, frohe Gäste, frische Torte! Großmutter war unser eigenes Christkind; für meinen Vater, meine Schwester und mich traf das naturgemäß in besonderem Maß zu (ohne Käthe hätte es uns nicht gegeben). Mit einer Weihnachtsgroßmutter fand ich die Welt sehr richtig eingerichtet. Doppelt verband Käthe mich mit dem Wunder, überhaupt auf dieser Welt zu sein. Man konnte das in der Krippe sehen, Favoriten dort: Schaf, Stern, dunkler König – und an den Lebkuchen, Favoriten absolut, die ich eifrig kaute.

Das Foto ist ein Weihnachtsbild, weil es von außen und innen erzählt. Da sitzen wir und flechten den Lebensfaden fort. Käthes erfahrene Finger halten den Knoten, ich fasse die losen Enden. Omas Hände wirken erstaunlich un-alt auf mich. Und so vertraut. Auch das ein Schlag: wie man etwas vermissen kann, ohne zu wissen, dass man es vermisste. Weihnachten erzählt von unserer Zeitlichkeit. Im Faden zwischen Oma und mir springt sie hervor, auf friedliche, nachdenkliche Weise.

Ende der 80er Jahre, zwei oder drei Jahre nach Käthes Tod, geschah etwas Seltsames. Meine Zeige- und Mittelfinger begannen, sich zwischen zweitem Gelenk und Spitze in Richtung des jeweiligen Ringfingers zu beugen. Symmetrisch krümmten sich die Knochen in einen leichten

Bogen. Ich erschrak. Das waren die Finger meiner Großmutter.

Ihre Hände kehrten in mir wieder. Als ich das begriff, beruhigte ich mich.

Nahe beieinander sitzen wir. Berühren uns – fast. Wir sitzen in dem Licht, gemeinsam still zu sein, auf Frau-Sein und Hände-Arbeit, auf eine Idee, einen Faden konzentriert. Dass wir fotografiert werden, bemerken wir nicht. Käthe spannt den Faden, die lange Strecke. Ich halte die kurze, die neu geflochten wird. Meine wenigen Jahre. Oma sieht zu, ich spüre ihren Blick.

Es ist richtig, dass wir uns nicht berühren. Was weitergegeben wird, reist auf andere Weise zwischen uns.

Längst ist, was ich damals flocht, verloren. Doch da, im Weihnachtsbild, spannt es sich für immer als Lebensfaden durch die Zeit, bunt und gehalten. Im Widerschein der alten Aufnahme verstehe ich Weihnachten noch einmal anders: als Fest, das davon handelt, dass Wirklichkeitsschichten sich öffnen. Am Himmel erscheint ein Körper. Stroh wird gebündelt, Haar gebunden, gelöst. Wie gleitet man ins Leben, wie wird man geführt? Von meiner Großmutter, die mir den Faden hält, fließt etwas wortlos zu mir. Sie zeigt mir die Ruhe, die davon rührt, ein Muster zu denken und gleichzeitig mit den Händen zu erzeugen. Fast spitzt meine Zunge zwischen den Lippen hervor.

Nein, ich sticke und häkele nicht. Doch fädele den Faden, immer wieder, durch ein Öhr. Lege die Hände auf die Tastatur – und beginne, eine Geschichte zu erzählen.

Alois Prinz

Verblassende Dias und frische Kopfbilder

Heiligabend bei uns zu Hause war immer etwas chaotisch. Das ist wohl nicht anders zu erwarten in einer kinderreichen Familie. Sechs Jungen und ein Mädchen, wobei meine Schwester, das älteste der Geschwister, von den »Kleinen« so viele Lebensjahre getrennt war, dass sie für diese mehr eine jüngere Mutter war als eine ältere Schwester. An Heiligabend war die ganze Familie in der Küche versammelt. Die Tür zum Wohnzimmer war abgesperrt, weil darin das Christkind erwartet wurde. Auch das Schlüsselloch war verklebt, damit niemand heimlich hindurchsah. Denn wenn das Christkind gesehen wird, so wurde uns gesagt, verschwindet es sofort und mit ihm auch alle Geschenke.

Mit dem Heiligabend sind für mich viele Bilder verbunden, manche existieren nur in meinem Kopf, andere stammen von meinem Vater, der ein eifriger Fotograf war. Diese echten Fotos sind allerdings immer mehr verblasst, woran der rasante technische Fortschritt schuld ist. Sie lagen nämlich nur als Dias vor, und Dias sind eine aussterbende Art bildlicher Konservierung. Um sie angemessen betrachten zu können, braucht man einen Diaprojektor. Meiner ging schon vor Jahren kaputt, und irgendwann wird es wohl keine dieser Geräte mehr geben, womit dann auch diese Erinnerungen verloren gehen.

Inzwischen sind sie aber gerettet. Einer meiner Brüder hat die Dias in mühevoller Arbeit digitalisiert, und ich kann sie mir auf meinem Computer anschauen. Und sofort sind die Erinnerungen wieder da, und mit ihnen die Freuden, Überraschungen und Enttäuschungen. Da ist zum Beispiel das Foto von dem Jungen, der ausgestreckt, mit dem Kopf nach unten, in der Badewanne liegt. Der Junge bin ich, vielleicht sechs Jahre alt. Ich hatte mir vom Christkind, an das ich fest glaubte, eine Taucherbrille gewünscht, für den alljährlichen Italienurlaub im Sommer. Mein Wunsch wurde erfüllt. Die Taucherbrille lag unter dem Christbaum, mit Schnorchel und einem Tischtennisball am oberen Ende. Bis zum Sommer wollte ich allerdings nicht mehr warten, nicht einmal bis zum nächsten Tag. Also ließ ich Wasser in die Badewanne laufen, zog mich aus und ging tauchen – neidisch beobachtet von meinen Brüdern. Viel konnte ich nicht gesehen haben, nur die Lego-Männchen, die als Ersatz für Haie und Piraten dienen mussten. Noch heute erinnere ich mich an das Glück des kleinen Jungen, unter Wasser sehen und atmen zu können – und an den Triumph, alle meine Brüder um die Badewanne versammelt zu wissen, die mich bald anbetteln würden, auch einen Tauchgang machen zu dürfen.

Von anderen Weihnachtserlebnissen gibt es keine Fotos, nur Bilder in meinem Kopf, die sich dort jahrzehntelang gehalten haben. So die Bilder von einer bitterkalten Winternacht, von mondbeleuchtetem Schnee, von schwarzen Baumriesen in einem stockdunklen Wald. Einen Tag vor Weihnachten waren wir abends mit unserem Vater losge-

Alois Prinz im Alter von ungefähr sechs Jahren

zogen, um einen Christbaum zu holen. Unser Vater hatte uns gesagt, dass das verboten sei und wir darum sehr leise und vorsichtig sein müssten, um nicht erwischt zu werden. Als es dunkel wurde, brachen wir auf, mit Taschenlampen, einen Schlitten hinter uns herziehend. Im Wald war nur das Knirschen unserer Stiefel auf dem hart gefrorenen Schnee zu hören. Sonst war absolute Stille, nur ab und zu ein Rascheln, wenn ein Reh oder Hase vor uns flüchtete. Es war die Nacht vor Heiligabend und die Welt war schon wie verwandelt. In einer Schonung suchte mein Vater einen passenden Baum aus, im Licht unserer Taschenlampen sägte er ihn ab und band ihn auf den Schlitten. Wie habe ich gebangt, dass er schnell fertig würde. Denn das Sägen war so laut, es durchschnitt die Stille, und ich hatte Angst, dass jemand uns hörte. Wie eine Diebesbande schlichen wir nach Hause, und noch als der Baum schon geschmückt im Wohnzimmer stand, konnte ich ihn nicht ansehen, ohne daran zu denken, dass es bei seiner Beschaffung nicht mit rechten Dingen zugegangen war und so das heilige Fest mit etwas Sündhaftem befleckt wurde. – Erst viele Jahre später erfuhr ich, dass das Waldstück, aus dem wir den Christbaum geholt hatten, meinem Vater gehörte. Das änderte nichts an dieser zwiespältigen Erinnerung.

Merkwürdig, dass mir gerade jene Weihnachtsfeste im Gedächtnis blieben, die durch eine Störung getrübt waren. So wie dieser unselige Heiligabend, der damit endete, dass ich strafweise auf mein Zimmer gehen musste. Vielleicht war es ein Fehler des Christkindes, dass es für uns Jungen ein gemeinsames Geschenk unter den Christbaum gelegt hatte. Es war ein *Tipp-Kick*-Spiel. Dazu gehörte eine ausrollbare Plastikmatte als Fußballfeld, zwei Torhüter, die sich nach beiden Seiten auf den Boden werfen konnten, zwei Feldspieler, die auf Knopfdruck ihr rechtes Bein vorschnellten, und ein eckiger Ball. Wir waren begeistert und spielten sofort ein Turnier. Im Endspiel gegen meinen ältesten Bruder kam es dann zum Eklat. Ich weiß es noch genau. Der rollende Ball blieb kurz vor meinem Strafraum liegen. Mein Bruder nahm Maß, mein Torwart hechtete in die Ecke, mein Bruder schrie »Tor!«, ich protestierte energisch, weil meiner Meinung nach der Ball am Pfosten gelandet war. Meine anderen Brüder mischten sich ein, es wurde laut, gab wüste Beschimpfungen, hässliche Worte und schließlich rollten wir als Bündel aus Armen und Beinen auf dem Fußboden. Mein Vater hatte Mühe, uns zu trennen, und weil der Streit gleich wieder von vorne losging, wurde ich, da alle in mir den Auslöser sahen, in mein Zimmer geschickt. Dort saß ich dann und weinte vor Wut über diese Ungerechtigkeit. Später am Abend schlich ich mich ins Wohnzimmer, wo alle noch friedlich beisammensaßen, und ich bekam einen Kinderpunsch. Es wurde noch ein sehr schöner Heiligabend. Aber ich bin heute noch fest überzeugt davon: Der Ball war nicht drin!

Erika Pluhar mit Freunden

Erika Pluhar

Zipfelmützen

Als Kind war ich fromm. Ich hatte den Krieg überlebt und glaubte an einen hilfreichen Gott. Wir zeichneten ihn im Religionsunterricht, ein großes Auge, über uns wachend, und inbrünstig malte ich mit Gelbstift die Strahlen, die daraus auf die Erde und auf uns Menschen herniederströmen. Zu Weihnachten feierte ich damals wahrlich den »Frieden auf Erden«. Daß endlich Frieden herrschte. Daß keine Bomben mehr fielen. Daß wir genug gebackenen Karpfen am Tisch hatten, Kekse aßen, daß Kerzen brannten und der Tannenbaum duftete. Daß Weihnachten eine heilige, eine Gott geweihte Zeit sei, von dieser Gewißheit war ich erfüllt. Nirgendwo fand ich es schöner beschrieben als in dem Gedicht »Weihnacht« von Josef von Eichendorff, das ich in der Schule aufsagen mußte.

Markt und Straßen steh'n verlassen,
Still erleuchtet jedes Haus,
Sinnend geh' ich durch die Gassen,
Alles sieht so festlich aus.

An den Fenstern haben Frauen
Buntes Spielzeug fromm geschmückt,
Tausend Kindlein steh'n und schauen,
Sind so wunderstill beglückt.

Und ich wandre aus den Mauern
Bis hinaus in's freie Feld.
Hehres Glänzen, heil'ges Schauern!
Wie so weit und still die Welt!

Sterne hoch die Kreise schlingen,
Aus des Schnees Einsamkeit
Steigt's wie wunderbares Singen –
O du gnadenreiche Zeit!

Später, als erwachsene bis ältere Frau und überzeugte Agnostikerin, sagte ich dieses Gedicht wieder auf. Auch heute noch tue ich das. Stelle es in der Adventzeit Lesungen voran, um den Anwesenden deutlich zu machen, in welchen Weihnachtsirrsinn wir uns alle mittlerweile haben treiben lassen. Und meist wird es still im Saal, wenn ich dieses Gedicht sage, so mancher ältere Mensch spricht ganz leise mit, und es ist ein Aufseufzen, das sich danach stets in den Beifall mischt. Denn jeder im Publikum hat kurzfristig mitbekommen, wie weit der Kommerz, das Spektakel, die Heuchelei uns von diesem Fest entfernt haben. Alle plagen sich, kaufen, rennen, haben unerlässliche Betriebsfeiern, gehorchen irgendeinem ominösen Befehl, den sie selbst nicht zu hinterfragen wagen, und erleben den Weihnachtsabend meist erschöpft, zum Feiern gezwungen, und froh, daß das Ganze jetzt bald vorbei ist.

Nicht so bei mir, in meinem Haus. Da entstand im Lauf der Jahre etwas gänzlich anderes. Da wird gefeiert! Am Weihnachtsabend ein Fest gefeiert! Da mischt sich Jung und Alt, da wird aufgekocht, während der Weihnachtsbaum von heiteren Menschen ohne jede Andacht geschmückt wird, ohnehin ein heidnischer Brauch, dieser Baum. Kerzen brennen, man ißt und trinkt, hört Musik, die nicht feierlich ist, sondern zum Tanzen anregt, ja, getanzt wird, gelacht, Wein unermüdlich nachgegossen. Geschenke wurden nicht gekauft und verteilt – wir schenken einander die Freude an diesem Abend, wir sind unter Freunden und einander Freund. Setzen Zipfelmützen auf, ohne an einen Santa Claus dabei zu denken – eher um die Santa Cläuse und den ganzen Weihnachtsrummel aus unserer Mitte wegzulachen.

Wenn nicht so, dann überhaupt kein Weihnachten.

Deshalb ist dies mein Weihnachtsbild.

»Krippe« von Oliver Fabel

Elke Heidenreich

Meine Weihnachtsoffenbarung

Auf allen Weihnachtsbildern ist mir zu viel Krippe, Jesulein, Stall, Maria, Ochs und Engel. Immer dasselbe. Und in allen Krippen zu viel Glitzer, falsches Moos, blöde blickende Schäfelein und schwarz gemalte Heilige Drei Könige. Überhaupt denke ich mir, dass damals im Nahen Osten, in einem stillen Stall, doch wohl weniger Glanz und Gloria war, oder? Ach, die Jahrhunderte haben viel dazu gedichtet, so viel, dass die Wahrheit über das Elend dieser Flüchtlinge im Stall wohl immer im Dunkeln bleiben wird. Das Gemüt der Gläubigen braucht anscheinend Märchenhaftes, um beruhigt anbeten zu können.

Alles nicht mein Ding. Ich habe mich Weihnachtskrippen immer beharrlich verweigert.

Und dann trat Oliver Fabel in mein Leben. Es war im Museum für angewandte Kunst in Köln, wo einer der freundlichsten Menschen, die ich kenne, täglich im Museumsshop sitzt. Darum geh ich immer mal wieder dort vorbei, Freundlichkeit tut gut. Es war im grauen November, wo man so was besonders braucht.

Er grinste, griff unter die Theke und sagte: »Das ist doch was für Sie.«

Es war meine Weihnachtsoffenbarung: Krippe, elfteilig in Schiebeschachtel, entworfen von Oliver Fabel. 28 Euro.

Die elfteilige Kripp besteht aus elf Holzklötzchen, naturfarben, neun größere, zwei kleine Klötzchen. Die Klötzchen sind einfach beschriftet, schwarze Druckschrift. Die Schriften lauten:

König
König
König
Ochse
Esel
Schaf
Hirte
Maria
Josef

Und dann, etwas kleiner:

Krippe
Jesus.

Die Krippe ist ausgehöhlt, das Jesusklötzchen passt perfekt hinein, Teelicht davor, Tannenzweig, wenn es denn sein muss – schöner, klarer, schnickschnackloser, bauhausmäßiger ward Weihnachten nie:

Krippe elfteilig in Schiebeschachtel, 28,– Euro.

So kann sogar ich das ertragen, was von Weihnachten noch übrig geblieben ist.

Jutta Richter

O du fröhliche!

Am Nachmittag des Heiligen Abends fängt es wie bestellt an zu schneien. Dicke Watteflocken zuerst, dann Puderzucker, und es ist so kalt, dass der Schnee liegenbleibt.

Im Radio träumt Bing Crosby zum ichweißnichtwievielten Mal von der weißen Weihnacht, und die Jinglebells klingeln anschließend, als ginge es um den Weltrekord im Pizzicatoläuten.

Ich sitze am Küchentisch und klebe mit Zuckerguss die letzten Smarties ans Hexenhaus, während Karsten im Wohnzimmer den Tannenbaum schmückt.

Meinst du mit Zoe ist alles in Ordnung? Ich bin doch ein bisschen unruhig …

Quatsch, antwortet Karsten, die ist bei Fred und Linda bestens aufgehoben. Außerdem kommen die sowieso um sechs!

Wenn du meinst!, seufze ich. Nimm aber ordentlich Lametta! Das füllt!

Ja, ja, kümmer du dich um dein Hexenhaus!, brummt Karsten. Ich mach das schon!

Jinglebells, jinglebells, jingle all the way …

So richtig Weihnachten im Radio, und das Merkwürdige ist, dass einem bei diesen Liedern so anders wird, so nach Heulen. Und Hunger kriegt man auch. Das Fest der Familie. Kerzen und Lametta und silberne Kugeln. Und wir warten aufs Christkind. Die ganze Welt im Weihnachtstaumel. Überall knistert das Geschenkpapier zur selben Zeit. Wahnsinn, und ich erinnere mich, wie ich mit fünf die Krankenschwesterausrüstung aus Plastik mit Stethoskop, Skalpell und Häubchen gekriegt habe, und weil das Plastikskalpell nicht scharf genug war, in die Küche geschlichen bin, das Schälmesser aus der Schublade genommen und Klaus' Teddy den Bauch aufgeschlitzt habe. Jede Menge Sägespäne auf dem Teppich, und dann kam Mama rein und der Heilige Abend war gelaufen.

Eigentlich war Weihnachten jedes Mal die größte Enttäuschung des Jahres.

Wochenlang Vorfreude. Adventskalender klappen und Strohsterne basteln. Und dann fünf Minuten Kribbeln beim Geschenkeauspacken, und dann war die Luft raus, und der Fernseher lief und die Flasche Riesling stand auf dem Tisch. Und natürlich kein Mensch, mit dem man spielen konnte. Lena Sulat und Martina Tiemann saßen in ihren Sonntagskleidern hinter verschlossenen Wohnungstüren. Da kannst du heute nicht hingehen, Kind, heute ist Weihnachten, da bleibt man zu Hause. Und Lehrer Henke hatte das übliche Waisenkind aus dem Kinderheim »Zum guten Hirten« geholt. Auch Waisenkinder brauchen eine Bescherung. Und das Waisenkind durfte bei Lehrer Henke auf der Couch übernachten und wurde vollgestopft mit Marzipanbroten. Sie glauben ja gar nicht, wie ein solches Kind sich freuen kann, Frau Wienert. Kinderhand ist leicht gefüllt. Und nie habe ich das Waisenkind gesehen. Sosehr ich auch den Hals gereckt habe im Hochamt am

Jutta Richter im Alter von drei Jahren mit ihrer Mutter

Weihnachtstag. Das Waisenkind hatte sich so klein gemacht, dass es unter der Holzbank verschwunden war. Lehrer Henke saß in der zweiten Reihe rechts, dann kam eine Lücke, die Waisenkindlücke, dann seine Frau. Und ich habe von ganz hinten den Hals gereckt und nur die Lücke gesehen.

Ich klebe das letzte Smartie an, dann stehe ich auf und gehe rüber zu Karsten.

Der Baum steht schief!

Hör bloß auf, flucht Karsten, den kann man nicht gerade hinstellen. Überhaupt 'ne Sauerei, dafür dreißig Euro zu nehmen! Aber du wolltest ja den und keinen andern.

Lass man gut sein, sage ich, von der Seite sieht man's nicht. Aber sei nicht so sparsam mit dem Lametta. Damit kriegste die Löcher zu.

Mach's doch selber, knurrt Karsten und lässt sich aufs Sofa fallen. Er setzt die Bierdose an den Hals.

Die wievielte ist das?

Die fünfte, sagt Karsten. Scheißweihnachten!

Denk doch wenigstens an das Kind!

Egal, sagt Karsten, ich wünschte, wir hätten's hinter uns.

Du kannst einem die ganze Stimmung verderben. Ich hab mich so angestrengt, Kartoffelsalat, das Hexenhaus und und und, und jetzt hast du schlechte Laune. Kuck doch mal raus, wie das schneit.

Das is' es ja eben, sagt Karsten. Und morgen zu deinen Eltern …

Um sechs habe ich den Tisch gedeckt. Um sechs kommt Karsten im dunklen Flanellanzug mit Weste aus dem Badezimmer. Um sechs schellt es an der Haustür. Und Schulze kläfft.

Da sind sie! Zünde die Kerzen an, Karsten Krause!

Von drauß' vom Walde komm ich her, trompetet Fred. Fröhliche Weihnachten!

Zoe rennt die Treppe rauf.

Linda stellt den Kinderwagenaufsatz im Flur ab und pellt Benjamin aus dem Schneeanzug.

Geh bloß nicht ins Wohnzimmer, Zoe, rufe ich. Da ist das Christkind drin!

Linda trägt Benjamin und Fred zwei Plastiktüten, in denen es verdächtig klötert.

Bist du fertig geworden, fragt Linda.

Klaro, sage ich.

Und dann klingelt das Glöckchen, und ich stoße die Zimmertür auf und gebe Zoe einen kleinen Schubs. ›Stille Nacht, heilige Nacht‹ singen die Wiener Sängerknaben. Und Zoe ist völlig fertig, steht wie angewurzelt mitten im Wohnzimmer und Linda lehnt sich an Freds Schulter und ich fange an zu heulen.

Also das muss man euch lassen, sagt Fred, die Kulisse ist perfekt. Das geht ja richtig ans Gemüt.

Nicht, schluchze ich, das ist richtig wie Weihnachten, wie früher, ich kann gar nicht aufhören zu heulen!

Soll ich 's Licht anmachen, fragt Karsten.

Bloß nicht!, sagt Linda.

Und dann entdeckt Zoe den riesigen Teddybären, der neben dem Tannenbaum auf dem Fußboden sitzt, und ruft: Teddy! Und läuft hin.

Ich putze mir die Nase.

Jetzt brauch ich aber was zu trinken!

Momentchen, sagt Karsten, und der Sektkorken knallt. Fröhliche Weihnachten!

Mein Gott, sagt Fred, was sind wir für Spießer.

Er hält die Kamera hoch.

Das muss festgehalten werden, für die Nachwelt. O du fröhliche …

Klaus Gallwitz

Weihnachtsbild

Unter vielen Weihnachtsbildern hat mein liebstes den Vorzug, daß es knapp und klar auch so heißt: »Weihnachtsbild«. Es beansprucht eine ganze Wand und unsere ganze Fassungskraft. Es ist ein gutes Bild, und ich behaupte: ein Meisterwerk.

Wie ein Altar, den man öffnen und schließen kann, besteht mein Weihnachtsbild aus drei Teilen. Seine Flügel sind genau halb so breit wie die Mitte. Dort steht der Baum, auf solidem Eichenparkett im Fischgrätenmuster, axial und unumstößlich, ein Prachtexemplar, vollkommen im Wuchs vom Fuß bis in die Nadelspitzen. So ist er auch gemalt. Bis in jedes Detail putzt ihn die Malerei noch einmal auf, mit nicht erlahmender Gründlichkeit. Ein Erinnerungsbild aus dem Familienleben, auf dem alles stimmen soll. Für eine bessere Proportionierung, erfahre ich später, wurden oben und unten in mühseliger Näharbeit zwanzig Zentimeter Leinwand angefügt und mit derselben peniblen Sorgfalt bemalt, die dem fertigen Weihnachtsbaum zu seiner überwältigenden Wirkung verhilft.

Auf einen derartigen Coup war ich nicht gefasst, als ich das erste Mal vor ihm stand. Wie kann man auf dieses Thema eine derartig konzentrierte malerische Energie verwenden? Hautnah an der Trivialität und gleichzeitig so entfernt wie ein Kindertraum? Beides mit demselben gnadenlosen Realismus auf Kollisionskurs gebracht. Eine Ikone mutiert zum Fetisch, und der Fetisch verkleidet sich in eine Ikone. Alles, was nicht zu dieser eisernen Prozedur der malerischen Umsetzung paßt, wird ausgeblendet. Keine Nebensächlichkeiten. Im großen Maßstab und mit äußerster formaler Disziplin wird eine *Heimsuchung aus Sehnsucht* angegangen.

Ein ernsthaft abgemalter Weihnachtsbaum. Nicht die Spur von Kitsch. Almut Heises *Wie-zuhause-Tanne* ist vermutlich eine subtile Provokation für viele Kunstfreunde und Werbegraphiker, Theologen und Kunsthistoriker. Allen und niemand unter ihnen gibt das Bild in irgendeiner Weise recht. In seinem Kerzenglanz ist es zugleich so stachlig wie trockene Christbaumnadeln. Mit dem Porträt von Che Guevara ließen sich im Zeitalter der Pop Art einer Ikone noch Bänder flechten, mit einem über Kopf gemalten Baum oder Adler eine Manifestation reklamieren. Beides rührt nicht an die Frechheit dieser liebevollen Travestie. Ein Kuss unter dem Mistelzweig ist für den Aberglauben gut. Hier aber geht es nicht um die Frage von Glück, sondern um künstlerische Glaubwürdigkeit, die noch die spießigste Überlieferung aus der Nachkriegszeit gewissenhaft mit einschließt.

Reicht dafür der aufwendige Baum in seiner unschlagbaren Doppelfunktion von Illusion und Realismus? Almut Heise blieben Zweifel. Sie erhöhte noch einmal den Einsatz und malt die Flügel.

Die Entscheidung fällt zugunsten einer Erweiterung zum klassischen dreiteiligen Triptychon. Ein Flügelaltar?

Almut Heise, Weihnachtsbild, 2000/02

Die zweite Provokation: Die Flügel sind so unbeweglich wie ihre figürliche Besetzung. Rechts der Matrose, ein Porträt aus Fleisch und Blut, mit großen hängenden Händen im leeren gekachelten Treppenhaus. Links zwei Modepuppen im Schaufenster, aneinandergelehnt in amerikanischen Kostümen der 50er Jahre. Zur besseren Positionierung im Bild sind sie ihrer Arme entledigt. Über den Köpfen der siamesischen Schwestern schweben wie eine Taube – eine kleine Frechheit mehr – zwei Hände mit steckbaren Gelenken, die sich bei Puppen in die gewünschte Haltung drehen lassen. Sie sind im Spiel damit beschäftigt, einen um die Finger geschlungenen Faden aufzuheben, um daraus, wie Kinder es nennen, eine »Krippe« zu spannen. Eine echte Halluzination.

Mit der geheimnisvollen Geste dieser Hände verknüpft die Jongleurin Almut Heise meisterhaft ihren kühnen Bildentwurf im Kopf mit der geduldigen Malerei auf der Leinwand. Konzeptuelle Kunst kann auch so aussehen. Jetzt aber wie jedes Jahr dürfen wir ihr zum Fest folgen, wo sie uns die Fäden zeigt und ihre Konfigurationen vor Augen führt. Eine labyrinthische Reise ins silberne Licht, dominiert von der Trikolore Rosa, Gold und Türkis auf den drei Flügeln, wie bei einem hinterleuchteten Transparent – in meiner Wahrnehmung und Vorliebe ein vertrautes und abgründiges *Christmas Carol* aus unseren Tagen. Mein liebstes Weihnachtsbild.

Eckart von Hirschhausen

Angebot und Nachfrage

Angeblich bestimmt sich der Preis durch Angebot und Nachfrage. Was ist aber der Wert einer Idee?

Und warum ist guter Rat teuer, wenn das Angebot immer größer ist als die Nachfrage?

Als ich den abgehalfterten Weihnachtsmann im Sommerschlussverkauf im Schaufenster sah, wurde er mir zum Spiegel für den Ausverkauf einer Idee, die über 2000 Jahre die Menschen nicht losgelassen hat: Es könnte einen Sinn und eine Liebe jenseits des Kommerzes geben. Es gibt viele Weihnachtsbilder, die mich anrühren. Wenige, die mich zum Lachen bringen, wie das von Max Ernst, wo die Mutter Gottes die Geduld mit dem Jesuskind verliert und ihm den Popo versohlt. Das Christentum hat – weiß Gott – nicht nur die Liebe gebracht, sondern auch viel Gewalt. Humor ist Perspektivwechsel, Lachen der Lohn für das Brechen eines Denktabus. Was denken wir heute noch über Weihnachten? Wer steht im Mittelpunkt, der Weihnachtsmann?

Dazu einer meiner Lieblingswitze: Moshe und Adam stehen in Amsterdam im Museum vor einem Bild von Rembrandt der Heiligen Familie und betrachten eingehend die Motive. »Nu sag mir Moshe, warum sind die Herrschaften da in einem Stall?« »Nu, Adam, sie waren sehr arme Leute.« »Und warum liegt das Kind bei Ochs und Esel?« »Sie hatten wirklich keine andere Bleibe.« »Nu dann sag mir, wenn die waren so arm: Wie konnten sie es sich leisten, von Rembrandt gemalt zu werden?«

Was mag ich an diesem Witz? Dass er den Kern der Weihnachtsgeschichte trifft, denn die Geburt Jesu stellt alles auf den Kopf, alle Annahmen darüber, was wichtig ist, was zählt, was oben und unten ist. Humor ist immer der Wechsel der Perspektive, und so gesehen ist die Weihnachtsgeschichte ein Witz, eine Provokation, denn sie zieht unserem Verständnis von Arm und Reich mit dem Kind im Stroh buchstäblich den Teppich unter den Füßen weg.

Ich habe an der Universitätsklinik in Berlin gearbeitet, heute Charité, das größte Klinikum Europas. Charité kommt nicht von Shareholder Value. Es bedeutet Caritas, Nächstenliebe. Sich um kranke Menschen zu kümmern, war ursprünglich im christlichen Abendland ein Akt der Barmherzigkeit. Hospital und Hotel stammen aus der gleichen Wurzel – ein Ort für Gäste. Ein Patient ist kein Kunde, sondern ein leidender Mensch. Und die wichtigste Frage sollte auch nicht sein, wie mache ich mit ihm 20% Rendite, sondern: Was kann ihm helfen? Und wenn wir so viel über die Bedrohung der Werte der abendländischen Kultur reden, warum gehen so wenige auf die Straße für Nächstenliebe, Solidarität und Gerechtigkeit im Umgang

»Weihnachtsmann im Ausverkauf«

mit Kranken und Pflegebedürftigen? Warum hört man von 29 000 Apothekern in Diskussionen mehr als von 1,5 Millionen Pflegekräften? Hat die Medizin ihre Wurzel, die Kraft von Zuwendung, um nicht zu sagen von Glauben, Liebe und Hoffnung verraten? So wie wir Weihnachten?

Wenn wir Kinder unseren Eltern etwas mit Kastanien, Uhu und viel Herzblut selber gebastelt hatten und die wackelige Konstruktion auch noch das Verpacken, Auf-den-Gabentisch-Legen und das Auspacken gerade so überstanden hatte, dann war das größte Lob zu hören: »Sieht aus wie gekauft!« Ein Ökonom schrieb kürzlich, es gäbe keine größere Geldvernichtungsaktion, als Geschenke zu kaufen. Der bezahlte Preis wäre immer höher als der Wert für den Beschenkten. Sonst hätte der es sich ja gleich selber gekauft, wenn es ihm das Geld wert gewesen wäre. Solche erbsenzählenden Effizienzbolzen verschenken wahrscheinlich nur Bargeld, damit der »Beschenkte« sich das optimal für ihn werthaltige Geschenk selber kauft. Der Ökonom irrt gewaltig, und zwar gleich dreifach: Erstens gibt es jede Menge unsinnigerer Geldvernichtungsaktionen als den 24. Dezember. Zweitens weiß man zwar nie genau, was sich jemand wünscht, aber das weiß der Beschenkte manchmal auch nicht. Und drittens ist die Tatsache, dass man sich etwas nicht vom eigenen Geld gekauft hat, kein Hinweis darauf, dass man es nicht wirklich will, sondern im Gegenteil: Man will es so sehr, dass man auch wenn man es sich leisten könnte, es sich nicht leistet. Sich selbst wäre man es nicht wert gewesen, aber der Andere sah in mir mehr als ich – das ist das Geschenk! Jemandem einen höheren »Selbstwert« beizumessen als er sich, das ist sprachlich das genaue Gegenteil von jemandem etwas »zubilligen«.

Warum gilt eigentlich ganz klein zusammengepresste Kohle traditionell als Liebesbeweis? Das Wichtigste an Diamanten ist wahrscheinlich, dass Männer damit nichts anfangen können. Sie sind deshalb so ein perfektes Geschenk, weil man ihnen ansieht, dass kein Eigennutz dahintersteckt. Also nicht direkt. Das Gegenbeispiel ist ein Bekannter aus dem Schwäbischen, der seiner jungen Freundin, gerade nachdem sie zusammengezogen waren, unter den Weihnachtsbaum einen Staubsauger legte. Und als sie ihn nach dem Auspacken nur fassungslos anstarrte, stammelte er in männlicher Naivität: »Aber er ist doch in deiner Lieblingsfarbe!« Die Beziehung war dann auch schon vor der Garantiezeit abgelaufen. Und die Freundin hat bei der Trennung darauf bestanden, dass der Staubsauger bei ihm bleibt.

Liebe lässt sich mit noch so großen Dingen nicht zu einem Ding machen. Wer sich geliebt fühlt, dem werden materielle Dinge weniger wichtig. Was man auch daran sieht, dass mindestens ein Viertel aller Gutscheine, die im Kerzenschein aus dem Umschlag gezogen wurden, nie eingelöst werden. Ich habe noch welche von vor über 25 Jahren von meinen Eltern: für ein Lexikon. Das war damals vor Internet und Wikipedia etwas Besonderes. Irgendwie habe ich den Moment verpasst, den Gutschein einzulösen. Aber meine Eltern liebe ich immer noch, und ich fühle mich auch von ihnen geliebt – und das ist sowieso das größte Geschenk. Sie haben mit uns zu Weihnachten gesungen. Und an vielen anderen Tagen im Jahr auch. Die meisten

Deutschen warten, bis man betrunken ist, um öffentlich singen zu dürfen. Aber zur Weihnachtszeit ist es auch ohne Glühwein erlaubt, mit Liedern Gefühle zu zeigen, die sich seit Hunderten von Jahren nicht geändert haben. Singen macht glücklich und gesund. Und die Idee der »Singenden Krankenhäuser« ist eine der einfachsten und besten Wege, ganzjährig heilsame Stimmung im Gesundheitswesen zu verbreiten. Allein durch das, was wir durch die Bauchdecke vor der Geburt »aufgeschnappt« haben, konnten wir bereits als Neugeborene die Melodie der Muttersprache erkennen, aber kein Wort verstehen. Und deshalb mein Rat: sich nicht lange mit den unverständlichen Passagen von Weihnachtsliedern aufhalten, einfach darüber hinweg hören! Es geht um Ein-Klang. Drum: Jauchzet, frohlocket, bis Omi lacht!

Das absolute Meisterwerk der Festtags-Psychologie bleibt: Weihnachten bei Hoppenstedts von Loriot. Opa hatte für den Enkel ein Atomkraftwerk besorgt, ein richtiges mit Brennstab und Störfall. Aber dann fällt der vernichtende Satz: »Früher war mehr Lametta!« Ein Vergleich und das Glück des Augenblickes ist zerstört. War es früher besser? Nein. Gespeichert wurden nur die schönsten Momente. Mit diesem »Best-Of-Werbe-Clip« muss dann jeder gegenwärtige Moment mithalten. Dabei gab es auch früher viele doofe und langweilige Momente, die wir Gott sei Dank vergessen haben. Die Qual von heute ist das goldene Gestern von morgen! Der einzige Moment, in dem man halbwegs wissen kann, wie glücklich man ist, ist JETZT.

Im Englischen gibt es nur ein Wort für Gegenwart und Geschenk: »Present«. Ein gegenwärtiger Moment in Liebe ist das eigentliche Geschenk. Es ist ein so großes Geschenk, dass viele sich gar nicht trauen, das Geschenk auszupacken und das Leben anzupacken. Wir leben so, als würden wir ewig leben. Und wir sterben so, als hätten wir niemals richtig gelebt. Wenn wir versuchen, den Moment einzufrieren für später oder den Tag zu vertagen, wir gewinnen nichts. Denn jeder geistesgegenwärtige Augenblick entzieht sich tatsächlich unserer Konsumlogik. Dieses »Präsent« ist umsonst, nicht übertragbar und vor allem: vom Umtausch ausgeschlossen. Sommer wie Winter. In Ewigkeit.

Charles Flanders, »Lone Ranger«

Alex Capus

Lone Ranger

Der Lone Ranger hält sich viel im Freien auf, deshalb hat er ein feines Empfinden für den Lauf der Jahreszeiten. Wenn Ende Juli die Mauersegler heim in den Süden fliegen, ahnt er das Nahen des Herbstes. Und wenn im September das Strandbad seine Pforten schließt und der Bademeister den großen Stöpsel aus dem Schwimmerbecken zieht, schaut er sorgenvoll gen Himmel, ob etwa der Coca-Cola-Weihnachtsmann mit seinem blinkenden Schlitten und den geschminkten Tieren schon im Anflug sei. Gegen ihn hat er keine Chance, das weiß der Lone Ranger. Diesen Kampf hat er längst aufgegeben.

Ein letztes Mal noch reitet er in die Innenstadt, um bei »Schlecker« einen ordentlichen Vorrat Rasierklingen für den Winter zu besorgen, dazu ein grosses Paket Einwegfeuerzeuge. Der Lone Ranger bindet seinen treuen Wallach an einem Kandelaber fest und schlendert durch die Fußgängerzone. Noch hängt die Weihnachtsbeleuchtung nicht über den Gassen, Gott sei Dank. Aber die Zeiten, da er beim Anblick bunt blinkender Lichterketten und Christbäume seinen Colt zückte und Zielübungen auf weihnachtlich dudelnde Lautsprecher machte, sind sowieso vorbei. Auch diesen Kampf hat er aufgegeben.

Bei »Schlecker« angekommen, eilt er durch die Regale. Zur Kasse zurückgekehrt, versucht er, nicht zu beachten, dass die Regenbogenforellen aus Weich-Polyurethan, die auf Knopfdruck »Jingle Bells« singen und mit der Schwanzflosse den Takt schlagen, dieses Jahr nur dreiundzwanzig neunzig kosten. Immerhin ist er dankbar, dass die Kassiererin noch keine rote Zipfelmütze trägt.

Das Wechselgeld steckt er in die Spendenbox, er wird lange Zeit keine Verwendung mehr dafür haben. Dann kehrt er zurück zu seinem Wallach. Am Himmel fliegt eine Staffel Wildgänse in V-Formation südwärts. Der Lone Ranger weiß aus Erfahrung, dass die fettesten und leckersten Gänse immer hinten fliegen. Er zieht den Colt und schiesst die hinterste Gans vom Himmel. Dann gibt er dem Wallach die Sporen, greift das zu Boden stürzende Federbündel am Hals und reitet hinauf in den Schöngrund, wo seine Liebste in einem schmucken kleinen Haus am Waldrand wohnt. Sie heißt Mara und ist Physiklehrerin am Heinrich-Heine-Gymnasium.

»Hallo Lone!«, sagt Mara. »Du hier?«

»Hab dir etwas mitgebracht«, sagt er. »Für die Kühltruhe.«

»Ich danke dir«, sagt sie. »Jetzt schon? Ist es schon wieder so weit?«

»Besser zu früh als zu spät«, sagt er. »Und dann habe ich hier noch etwas für dich.« Er klaubt ein fußballgroßes Goldnugget aus der Satteltasche, das er in einem ausgetrockneten Bachbett gefunden hat. »Hier, für dich. Als kleines Zeichen meiner Liebe zu dir.« Das Nugget ist mehr wert, als Mara in ihrem ganzen Leben als Physiklehrerin verdienen wird.

»Oh, ist das hübsch!« sagt sie. »Musst du gleich wieder weg? Oder kommst du kurz rein?«

»Ich komme sehr gern rein«, sagt der Lone Ranger. »So viel Zeit muss sein.«

Einige Zeit später treten die beiden wieder vors Haus.

»Ich sage dir dasselbe wie jedes Jahr«, sagt der Lone Ranger.

»Was denn?«, sagt sie.

»Du weißt schon«, sagt er.

»Sag's trotzdem«, sagt sie. »Ich hör's so gern.«

»Ich würde mich sehr freuen, wenn du dieses Jahr mitkommen würdest«, sagt der Lone Ranger. »Ein paar Monate draußen in der Wildnis, nur du und ich. Der Sozius auf meinem Wallach ist stets für dich reserviert.«

»Immer?«

»Immer und allezeit.«

»Das ist lieb, dass du das sagst«, sagt Mara. Sie errötet und küsst ihn heiß. »Aber du weißt ja, ich kann nicht.«

»Ich weiß«, sagt er. »Die Kekse, der Glühwein und alles.«

»Und der Christkindlmarkt«, sagt sie.

»Ja«, sagt er.

Der Lone Ranger schwingt sich in den Sattel.

»Frohe Weihnachten«, sagt er. »Mitte Januar bin ich wieder hier.«

Der Lone Ranger zieht den Revolver und feuert zum Abschied zwei Mal in den Himmel. Dann gibt er dem Wallach die Sporen und reitet hinaus in die Prärie.

Volker Reiche

Das originale Werk

Weihnachten 1954 war ich zehn Jahre alt und lernte eine Menge über Flügel, Faltenwurf, Stolz und Lüge. Und über den Begriff des originalen Werkes, über den ich mir bis dahin keinerlei Gedanken gemacht hatte.

Zwei Wochen vor Heiligabend saß ich am Esstisch und bastelte eine Weihnachtskrippe aus schwarzer Pappe und farbigem Transparentpapier. Das Ausschneiden der Figuren war mühsam, weil meine Schere stumpf war. Meine

Figuren gerieten einfacher, als mir lieb war. Ich konnte besser zeichnen als die meisten Kinder meiner Schulklasse, und gezeichnete Hände ohne fünf Finger schätzte ich nicht. Mit Ochs und Esel und dem Stern war ich zufrieden, mit dem Engel nicht. Deshalb gab ich meinem älteren Bruder im Geheimen recht, als er sich meine Krippe ansah und höhnte: »Babyzeichnung! Engel im Nachthemd! So sieht doch kein Flügel aus!«

»Guck im Lexikon nach, Doofi! Oder im Vogelbuch!«, rief er und warf meine Krippe auf den Tisch. Im Lexikon, klar. Ich schlug selten etwas in unserem Lexikon nach, aber ich las gern darin und schaute mir die Bilder an, vor allem die ganzseitigen Farbtafeln. Flaggen, Trachten, Landkarten, Verkehrszeichen. Und eine Strecke von acht Seiten über Malerei. War da nicht ein Engel dabei? Aufgeregt blätterte ich im Lexikon und fand das Bild. »Oberrheinischer Meister. Die Verkündigung. Um 1410.«

Tatsächlich. Die Flügel sahen wie Vogelflügel aus. Mit einzelnen langen Federn. Mit einer besseren Schere müsste ich das hinkriegen. Noch etwas fiel mir auf. Die Kleider hatten Falten. Das sah toll aus. Irgendwie richtig. Der Engel, Maria und Josef, die Heiligen Drei Könige, bei allen wollte ich lange Pappstege als Falten stehen lassen.

Ich rannte zu Mutter. »Ich brauch die Nagelschere!« Das war die einzige Schere bei uns, die spitz und scharf war. »Wozu?«, fragte sie kühl und besah sich meine Hand. »Deine Fingernägel sehen anständig aus.« »Zum Basteln!«, rief ich. »Damit sie stumpf wird? Nichts da. Gute Nagelscheren kosten Geld. Und dein Herr Vater hat die-

sen Monat wieder weniger geschickt, als er sich vertraglich verpflichtet hat. Schwirr ab!« »Aber es ist doch für meine Weihnachtskrippe!«, schrie ich. »Flügel wie Oberrheinischer Meister!« Sie sah mich nachdenklich an. »Deine Krippe? Die mit dem Transparentpapier? Hm. Na gut. Aber pass auf die Schere auf.«

Gott sei Dank hatte ich noch einen Bogen Pappe und reichlich Papier, so konnte ich ganz neu anfangen und die Krippe noch größer und prächtiger anlegen. Ich schnitt und klebte in jeder freien Minute, alles klappte, und die Nagelschere lieferte Falten und Federn, die mich entzückten, wenn ich die Krippe probeweise ans Licht hielt.

Heiligabend war ich fertig und hochzufrieden mit meiner Arbeit. Ich stellte die Krippe vor unseren Weihnachtsbaum; meine jüngeren Geschwister staunten, meine älteren nickten anerkennend.« Wartet, bis wir die Kerzen dahinter anzünden und das Licht ausmachen«, sagte Mutter, »dann wird's erst richtig schön.«

Es klingelte an der Wohnungstür, ich rannte hin und öffnete. Mein Vater hatte nach der Scheidung keinen Schlüssel mehr und musste klingeln. »Na, mein Sohn«, sagte er, »da komme ich ja gerade recht, den Baum anzuzünden.« »Das machen die Kinder, sie können das sehr gut«, sagte meine Mutter und fügte abweisend hinzu: »Du hättest dich vorher anmelden können. Hast du den Rest der Dezemberrate dabei?« »Anmelden!«, rief Vater und zwinkerte uns Kindern zu. »So weit kommt's noch! Haha! Das sind meine Kinder! Was? Seid ihr das?! Haha!« Doch wir Kinder kannten den Klang seiner Stimme vor ausgedehnten Streitereien mit Mutter gut, auch die Falte zwischen den Augenbrauen, und schwiegen betreten.

Vater trat an den Tisch, nahm meine Krippe in die Hand und betrachtete sie. Dann zog er seine Lesebrille aus der Brusttasche und studierte sie lang und genau. »Erstaunlich«, sagte er endlich, »sehr erstaunlich. Wer hat die gemacht?«

»Ich!«, sagte ich stolz.

»Du? Du ganz allein? Du bist doch erst zehn! Ist das das originale Werk eines einzelnen Künstlers? Unglaublich. Ich sollte diese Arbeit unbedingt einigen Fachleuten zeigen.«

Ich ahnte dunkel, dass »originales Werk eines einzelnen Künstlers« nichts anderes bedeutete, als dass ich die Krippe ganz ohne Hilfe selbst gebastelt hatte. Eine Sekunde dachte ich an den Oberrheinischen Meister, doch dann wischte ich ihn aus meinem Gedächtnis, lachte glücklich und wollte gerade »Ja!« rufen, als Mutter betont freundlich sagte: »Nein, nein. Da haben wir alle daran gearbeitet. Nicht wahr, Kinder, hat uns Spaß gemacht, die Krippe zu basteln?«

Mir blieb die Luft weg und mein Kopf wurde heiß. Eine dreiste Lüge. Von Mutter. Von Mutter, die immer sagte: »Ihr sollt nicht lügen.«

Ich schwieg und schaute wie betäubt zu Boden, während Vater mit der Krippe heftig wedelte und rief: »Alle? Ist das wahr? Das ist nicht sein originales Werk?«

Mutter wiederholte kalt: »Nein, von allen. Und was geht es dich an? Wir warten auf das Geld. Wer Kinder in die Welt setzt, muss für sie sorgen.«

Vater klatschte die Krippe wütend auf den Tisch und schrie: »Geld! Fällt dir nichts anderes ein?! Ich frage: Ist das das originale Werk eines einzelnen jugendlichen Künstlers?!«

Keiner antwortete. Wir Kinder schauten zu Boden, und Mutter ordnete leise ein Weihnachtslied summend den Baumschmuck. Vater sah uns an, wartete, und sagte dann leise: »Ihr könnt mich mal.« Rasch schritt er zur Wohnungstür und schlug sie hinter sich zu.

Stille. Der Krach war vorbei. Wir Kinder kannten das, hatten ähnliche und schlimmere Szenen oft und oft erlebt. Mein ältester Bruder zeigte auf die Krippe, grinste, und fragte mich geziert: »Ist das das originale Werk eines einzelnen jugendlichen Künstlers?« Dann lachten er und mein zweitältester Bruder laut; sie bogen sich geradezu vor Lachen.

Ich blieb stumm. Keiner meiner Brüder hätte diese Krippe basteln können. Sie hatten weder Geschick noch Lust dazu. Und ich dachte, auch meine Mutter, die Lügnerin, konnte es nicht. Als ich mit gesenktem Kopf das Zimmer verlassen wollte, fing mich meine Mutter ein und flüsterte: »Weißt du nicht, dass dein Vater deine Krippe mitgenommen hätte, wenn er gewusst hätte, dass du sie allein gemacht hast? Wie hätten wir Weihnachten feiern können, dieses und nächstes und übernächstes Jahr ohne deine wunderbare Krippe? Komm, wir zünden die Kerzen dahinter an, du wirst staunen, wie schön das wird! Und alle müssen auf ihren Stühlen sitzen und Weihnachtslieder singen und deine Krippe lang und ausführlich betrachten!«

So geschah es, und meine Krippe strahlte herrlich, und meine Geschwister sahen sie an, dieses und nächstes und übernächstes Weihnachten. Und Stolz und Freude füllte des Knaben Brust.

Illustrationen von Volker Reiche

Alex Capus, geboren 1961 in der Normandie, lebt heute in Olten. Er studierte in Basel Geschichte und Philosophie und hat seit 1997 fünfzehn Romane, Reportagenbände und Erzählungssammlungen veröffentlicht, die weltweit in über dreißig Sprachen übersetzt wurden. Jüngste Buchpublikationen: *Mein Nachbar Urs – Geschichten aus der Kleinstadt* (2014), *Der Fälscher, die Spionin und der Bombenbauer* (2013), *Skidoo – Meine Reise durch die Geisterstädte des Wilden Westens* (2012).

Ulrike Draesner, geboren 1962 in München, lebt als Romanautorin, Übersetzerin, Lyrikerin und Essayistin in Berlin. Zuletzt erschienen der Roman *Sieben Sprünge vom Rand der Welt* (2014), der Gedichtband *subsong* (2014) und der Prosaband *Mein Hiddensee* (2015, Mare). Darüber hinaus verwirklicht sie intermediale Projekte und nimmt Gast- und Poetikdozenturen in Deutschland, der Schweiz, England und in den USA wahr. Sie ist Mitglied des PEN-Zentrum Deutschland und der Nordrheinwestfälischen Akademie der Wissenschaften und der Künste. Draesner erhielt für ihr Werk zahlreiche Auszeichnungen. www.draesner.de, www.der-siebte-sprung.de

Klaus Gallwitz, geboren 1930 in Dresden, lebt in Karlsruhe, wo er nach Gründung einer Galerie für zeitgenössische Kunst 1957 den Badischen Kunstverein zwischen 1959 und 1967 leitete, bevor er die Staatliche Kunsthalle Baden-Baden für acht Jahre übernahm. Direktor des

Frankfurter Städel-Museums von 1974 bis 1994 und Honorarprofessor an der Städelschule. Gründungsdirektor des Museums Frieder Burda in Baden-Baden 2004 bis 2006 und des Arp-Museums Bahnhof Rolandseck 2006 bis 2010. Er verantwortete die deutschen Beiträge zu den Biennalen in Paris 1971, in Venedig 1976 bis 1980, in São Paulo 1989 und 1991 sowie in Johannesburg 1995.

Peter Härtling wurde 1933 in Chemnitz geboren. Er war zunächst als Redakteur und Herausgeber bei Zeitungen und Zeitschriften tätig und wurde 1967 Cheflektor des S. Fischer Verlages. Seit 1974 arbeitet er als freier Schriftsteller und veröffentlicht Romane, Essays, Gedichte und Bücher für Kinder. Er ist Mitglied des PEN-Zentrums und der Berliner Akademie der Künste, wo er über zwanzig Jahre die Direktion der dortigen Abteilung für Literatur übernahm. Sein literarisches Werk wurde vielfach ausgezeichnet, unter anderem mit dem Deutschen Buchpreis, dem Gerty-Spies-Literaturpreis und dem Jacob-Grimm-Preis Deutsche Sprache. Peter Härtling lebt in Walldorf bei Frankfurt am Main. Zuletzt erschienen *Tage mit Echo – Zwei Erzählungen* (2013) und *Hallo Opa – Liebe Mirjam. Eine Geschichte in E-Mails* (2013).

Elke Heidenreich ist nach Stationen bei Rundfunk und Fernsehen als Moderatorin, Drehbuch- und Hörspielautorin heute unter anderem als freischaffende Autorin, Literaturkritikerin und Herausgeberin tätig. Elke Heidenreich lebt in Köln. Zuletzt erschienen u. a. *Der Welt den Rücken* (2012) und *Die schöne Stille – Venedig. Stadt der Musik* (2015).

Eckart von Hirschhausen, geboren 1967, studierte Medizin und Wissenschaftsjournalismus. Seit über 20 Jahren ist er als Komiker, Moderator und Autor erfolgreich. Er wurde vielfach ausgezeichnet – unter anderem mit der Goldenen Feder für seine journalistischen Leistungen. Von ihm erschienen unter anderem die Titel *Die Leber wächst mit ihren Aufgaben* (2008), *Glück kommt selten allein* (2009) und *Wohin geht die Liebe, wenn sie durch den Magen durch ist* (2012). 2008 gründete er die Stiftung »HUMOR HILFT HEILEN«, die das therapeutische Lachen in Medizin und Öffentlichkeit fördert. Aktuell tourt er mit seinem Bühnenprogramm »Wunderheiler«, in der ARD moderiert er die Sendungen »Frag doch mal die Maus« und »Hirschhausens Quiz des Menschen«. Eckart von Hirschhausen lebt in Berlin. www.hirschhausen.com und www.humorhilftheilen.de

Norbert Lammert wurde 1948 in Bochum geboren. Das Studium der Sozialwissenschaften schloss er 1972 mit dem Diplom ab, die Promotion folgte 1975. Seit 1966 ist er Mitglied der CDU, seit 1986 Mitglied des Landesvorstandes der CDU Nordrhein-Westfalen. Von 1986 bis 2008 war er Vorsitzender des CDU-Bezirksverbandes Ruhr. Seit 1980 ist Norbert Lammert Mitglied des Bundestages. Von 1989 bis 1998 war er Parlamentarischer Staatssekretär. 2002 wurde er Vizepräsident des Deutschen Bundestages, seit dem 18. Oktober 2005 ist er Präsident des Deutschen Bundestages. Der stellvertretende Vorsitzende der Konrad-Adenauer-Stiftung ist Lehrbeauftragter für Politikwissenschaft und seit 2008 Honorarprofessor an der Ruhr-Universität Bochum. Jüngste Publikationen: *Einigkeit. Und Recht. Und*

Freiheit. 20 Blicke auf unser Land (2010); *Ich glaube an Gott. Die deutsche Messe neu übersetzt* (2011, mit Bildern von Günther Uecker); *Credo. Texte und Bilder zum Glaubensbekenntnis* (2013, mit Bildern von Andreas Felger).

Christian Lehnert, geboren 1969 in Dresden, studierte Theologie, Religionswissenschaften und Orientalistik in Leipzig, Berlin und Jerusalem. Nach längeren Aufenthalten in Israel und Nordspanien arbeitete er als evangelischer Pfarrer im Müglitztal bei Dresden, bevor er als Studienleiter für Theologie und Kultur an die Evangelische Akademie in Wittenberg berufen wurde. Seit 2012 leitet Lehnert das Liturgiewissenschaftliche Institut an der Universität Leipzig. Seit 2013 ist er Mitglied der Sächsischen Akademie der Künste und seit 2014 Mitglied der Akademie der Wissenschaften und der Literatur Mainz. Neben Gedichten und Dramen schrieb Lehnert Libretti und wurde mit mehreren Preisen und Stipendien ausgezeichnet. Jüngst erschienen der Gedichtband *Windzüge* (2015) sowie der Essay *Korinthische Brocken* (2013) im Suhrkamp Verlag.

Gertrud Leutenegger, geboren 1948 in Schwyz, absolvierte ein Regiestudium an der Schauspielakademie in Zürich und war als Regieassistentin am Hamburger Schaulspielhaus tätig. Mehrere Jahre lebte sie in der französischen, dann in der italienischen Schweiz und heute in Zürich. Seit 2010 ist sie Mitglied der Deutschen Akademie für Sprache und Dichtung. Für ihr literarisches Schaffen erhielt Gertrud Leutenegger zahlreiche Auszeichnungen. Zuletzt erschienen die Romane *Matutin* (2008) und *Panischer Frühling* (2015) im Suhrkamp Verlag.

Michael Krüger, geboren 1943 in Wittgendorf / Kreis Zeitz, absolvierte eine Verlagsbuchhändler- und Buchdruckerlehre und besuchte daneben Veranstaltungen der Philosophischen Fakultät der Freien Universität Berlin. Er lebte mehrere Jahre als Buchhändler in London und begann 1966 seine Tätigkeit als Literaturkritiker. 1968 übernahm er die Aufgabe des Verlagslektors im Carl Hanser Verlag, dessen Leitung er im Jahr 1986 übernommen hat. Von 1981 bis 2014 war er Herausgeber der Literaturzeitschrift *Akzente.* 1972 veröffentlichte Michael Krüger erstmals eigene Gedichte. Es folgten zahlreiche Erzählungsbände, Romane, Editionen und Übersetzungen. Er ist derzeit Präsident der Bayerischen Akademie der Schönen Künste und lebt in München. Jüngst erschienen die Gedichtbände *Ins Reine* (2010) und *Umstellung der Zeit* (2013) im Suhrkamp Verlag.

Ralf Meister ist 1962 in Hamburg geboren und seit März 2011 Landesbischof der Evangelisch-lutherischen Landeskirche Hannovers. Er war zuvor drei Jahre Generalsuperintendent in Berlin und sieben Jahre Propst in Lübeck. Meister war Autor von Morgenandachten im NDR und im Deutschlandfunk und über sechs Jahre Sprecher beim »Wort zum Sonntag« in der ARD. Er ist verheiratet und Vater von drei Kindern.

Martin Mosebach, 1951 in Frankfurt am Main geboren, Studium der Rechte in Frankfurt und Bonn. Sein erster Roman, *Das Bett,* erschien 1983. Er hat Erzählungen, Gedichte, Libretti und Essays über Kunst und Literatur veröffentlicht. 2007 erhielt er den Büchner-Preis; er ist Mitglied der Akademie für Sprache und Dichtung. Jüngst erschienen die Essaysammlung *Als das Reisen noch geholfen hat – von Büchern und Orten* (2011) sowie der Roman *Das Blutbuchenfest* (2014).

Erika Pluhar, 1939 in Wien geboren, war nach ihrer Ausbildung am Max-Reinhardt-Seminar lange Jahre Schauspielerin am Burgtheater Wien. Sie schreibt und singt ihre eigenen Lieder und veröffentlichte mehrere Romane, Gedicht-, Lieder und Erzählungsbände. 2009 erhielt sie den Ehrenpreis des österreichischen Buchhandels für Toleranz in Denken und Handeln. Im Insel Verlag erschienen u. a. *Spätes Tagebuch* (2011); *Reich der Verluste* (2014) und *Die öffentliche Frau* (2015).

Alois Prinz, 1958 geboren, studierte Literaturwissenschaft und Philosophie in München und lebt heute mit seiner Familie in Kirchheim bei München. Er veröffentlichte mehrere Biografien und wurde für seine Bücher u. a. mit dem Deutschen Jugendliteraturpreis und dem Evangelischen Buchpreis ausgezeichnet. Zuletzt erschienen im Insel Verlag die Biographien *Jesus – der sanfte Rebell* (2014) sowie *Teresa von Ávila – die Biographie* (2015).

Marion Poschmann wurde 1969 in Essen geboren. Sie studierte Germanistik, Philosophie und Slawistik und ist Mitglied im PEN-Zentrum Deutschland. Für ihre Bücher wurde sie vielfach ausgezeichnet; zuletzt erhielt sie für ihren Gedichtband *Geistersehen* (Suhrkamp Verlag, 2010) den Peter-Huchel-Preis sowie den Ernst-Meister-Preis und für ihren Roman *Die Sonnenposition* (Suhrkamp Verlag, 2013) den Wilhelm-Raabe-Literaturpreis. Sie lebt in Berlin.

Volker Reiche lebt als freier Comiczeichner und Maler in Königstein im Taunus. Er zeichnete *Donald Duck* für Disney, *Mecki* für die Hörzu und den vielfach ausgezeichneten Comicstrip *Strizz* von 2002 bis heute für die FAZ. Zahlreiche Comic-Publikationen, darunter seine viel beachtete Autobiographie *Kiesgrubennacht*, die 2013 als Graphic Novel im Suhrkamp Verlag erschien.

Jutta Richter, geboren 1955, veröffentlichte als Schülerin ihr erstes Buch. Anschließend studierte sie Theologie, Germanistik und Publizistik in Münster. Seit 1978 lebt sie als freiberufliche Autorin auf Schloss Westerwinkel im Münsterland. Für ihre Bücher erhielt sie zahlreiche Preise, darunter 2001 den Deutschen Jugendliteraturpreis für *Der Tag, als ich lernte, die Spinnen zu zähmen* und 2005 den Katholischen Kinder- und Jugendbuchpreis für *Hechtsommer*. Zuletzt erschienen u. a. *Ich bin hier bloß der Hund* (2011), *Das Schiff im Baum* (2012), *Helden* (2013) und *Abends will ich schlafen gehn* (2014, illustriert von Aljoscha Blau).

Patrick Roth, geboren 1953 in Freiburg / Brsg., lebt als freier Autor in Los Angeles und Mannheim. Er begann seine künstlerische Karriere in den USA als Regisseur und Drehbuchautor. Zu Beginn der 1990er Jahre wechselte er in die Prosa und entwickelte seinen charakteristischen Stil als Erzähler von biblisch-mythischen Stoffen, so im letzten großen Roman, *Sunrise. Das Buch Joseph* (2012), und in den früheren Texten der *Christus Trilogie* (1998). Neben die Bilder der Bibel tritt im weiteren Werk die Welt des Films, so in *Meine Reise zu Chaplin* (1997), *Die Nacht der Zeitlosen* (2001) und *Starlite Terrace* (2004). Der lebenslangen Liebe zum Kino geht der autobiographische Erzählungsband *Die amerikanische Fahrt* (2013) auf den Grund. Für sein literarisches Schaffen wurde Patrick Roth vielfach geehrt und mit Poetikdozenturen an den Universitäten in Frankfurt, Heidelberg und Hildesheim ausgezeichnet.

Annette Schavan, geboren 1955, lebt in Rom und ist Botschafterin Deutschlands beim Heiligen Stuhl. Zuvor war sie Bundesministerin für Bildung und Forschung (2005–2013) sowie Ministerin für Kultus, Jugend und Sport in Baden-Württemberg (1995–2005). Sie ist Kuratoriumsvorsitzende der Stiftung Bibel und Kultur.

Wilhelm Schmid, geboren 1953, lebt als freier Philosoph in Berlin und lehrt Philosophie als außerplanmäßiger Professor an der Universität Erfurt. 2012 erhielt er den deutschen Meckatzer-Philosophie-Preis für besondere Verdienste bei der Vermittlung von Philosophie, 2013 den schweizerischen Egnér-Preis für sein bisheriges Werk zur Lebenskunst. Homepage www.lebenskunstphilosophie.de, Twitter@lebenskunstphil.
Jüngste Buchpublikationen: *Gelassenheit – Was wir gewinnen, wenn wir älter werden* (Insel Verlag 2014); *Dem Leben Sinn geben. Von der Lebenskunst im Umgang mit Anderen und der Welt* (Suhrkamp Verlag 2013).

Friedrich Schorlemmer, geboren 1944 in Wittenberge, ist Publizist und Theologe. Von 1978 bis 1992 wirkte er als Dozent am Ev. Predigerseminar und Prediger an der Schlosskirche in der Lutherstadt Wittenberg, anschließend als Studienleiter an der Ev. Akademie. 1989 erhielt er die Carl-von-Ossietzky-Medaille der Internationalen Liga für Menschenrechte. Er ist Mitherausgeber der »Blätter für deutsche und internationale Politik«. Friedrich Schorlemmer wurde 1993 mit dem Friedenspreis des Deutschen Buchhandels und 2009 mit dem Bundesverdienstkreuz ausgezeichnet. 2014 erhielt er die Humboldt-Medaille und die Ehrendoktorwürde an der Europa-Universität Viadrina, Frankfurt / Oder. Zahlreiche Veröffentlichungen, darunter *Klar sehen und doch hoffen. Mein politisches Leben* (2012).

Hans-Ulrich Treichel, geboren 1952 in Versmold / Westfalen, lebt in Berlin und Leipzig. Er studierte Germanistik an der Freien Universität Berlin und promovierte 1984 mit einer Arbeit über Wolfgang Koeppen. Er war Lektor für deutsche Sprache an der Universität Salerno und an der Scuola Normale Superiore Pisa. Von 1985 bis 1991 war er Wissenschaftlicher Mitarbeiter für Neuere Deutsche Literatur an der FU Berlin und habilitierte sich 1993. Seit 1995 ist Hans-Ulrich Treichel Professor am Deutschen Literaturinstitut der Universität Leipzig. Zuletzt erschien der Roman *Frühe Störung* (2014) im Suhrkamp Verlag.

Bildnachweis

akg-images, Berlin: Umschlagabbildung, Seite 15, 18, 22, 38 (Hervé Champollion), 51, 61
Oliver Fabel, Berlin: 86
Evelin Frerk, Berlin: 82
Almut Heise, Hamburg: 97 (Gunter Lepkowski)
Kirchengemeinden Hehlen-Hohe/Pegestorf-Grave, Hehlen: 31
Jürgen Liepe, Berlin: 69
Peter Schwaar, Barcelona: 57
Stadtbibliothek/Stadtarchiv Trier: 34 (Anja Runkel)

Alle weiteren Abbildungen stammen aus dem Privatbesitz der Autorinnen und Autoren oder dem Archiv des Insel Verlags.